伝えたい

京の暮らし、京の味

松永佳子

私の料理と教室 ～京都下鴨で三十年～

「お料理は、愛情いっぱいの科学です」

若い頃の夢～結婚

私は若い時からお料理が好きで、忙しい母に代わり台所を任され、父に「美味しいなあ」と言ってもらった事が励みになりました。

かたや、中学時代の理科の女性教師に憧れ将来は教師になりたいと思っていましたが、大学受験に失敗し、挫折を味わい、進学を断念してお勤めに出ました。「先生になりたい」という思いを諦め切れないまま、しばらくオフィス勤めをしていましたが、二十二歳の時に主人との結婚話があり、あれよあれよという間に下鴨の旧家「松永」に嫁ぐ事になりました。

急に訪れた主人と二人きりの生活。常に人の出入りがあった実家のおまんじゅう屋とは大違いで、私にはさみしいだろうと、親友だった伊藤津也子さん（旧姓浦田津也子さん）がちょこちょこ家に寄ってくれるようになりました。私から頼んでごはんを食べていってもらう事もあり、そのたびに「美味しい、美味しい」と言ってくれる彼女に、おかずの下ごしらえや味つけの仕方を台所で披露する事もありました。「そうだ、お料理だったら先生になれるかもしれない」。この時にふと思い立った事が、料理教室を開く第一歩になりました。

調理師専門学校へ

「先生になる道」を見い出し、目標を調理師専門学校の入学に定めた頃、長女を授かりました。母親が子どもを預けて容易に学校に行ける時代ではありませんでしたが、「娘が小学校に上がったら」と言う約束で主人を説得し、こつこつと勉強を続けました。その後次女にも恵ま

れ、ようやく入学したのは三十六歳の時。思い立ってから十二年の歳月が経っていました。

晴れて入学後、親子程歳の離れた若者たちとの学校生活は夢のように楽しく、無我夢中で勉強しました。その頃の学校は、途中で西洋料理と京料理のどちらかを選ばなければならず、私は担任の先生に、「二十年間ずっと家でおかず作りをしてきたので、未知の西洋料理に進みます」と言った事を記憶しています。すると、和食担当だった先生は「京料理は奥深いものです。君の知らない事がまだまだあるはずですよ」とアドバイスを下さり、結局は京料理を専攻する事になるわけですが、まさしく言われた通り、見る事聞く事「目からウロコ」の事ばかりでした。

家での開業

包丁の使い方、塩の力、おだしの取り方、調味料の使い分け……。私が学び経験したこの諸々の知識や技術を、台所の担い手たちに伝授できれば、きっと家庭料理の幅はもっと広がり、もっと美味しく作れるようになる。学校を卒業し、教室を開くためにあれこれ準備を進めていた矢先、私は思わぬ大病を患い、闘病生活を余儀なくされました。

少しずつ体調が戻り、気持ちもどうにか立ち直る事ができたのは数年後。四十歳を迎えていました。一日でも早く教室を開きたい。でも、体力に自信がない。以前の生活に戻りつつも、まだ気持ちが揺れていた私は、「開業してうまくいかなかったら、私たちに教えてくれたらいいやん」という娘の言葉に背中を押され、ようやく前に進む事ができました。

家の台所を改装し、お鍋やボウルを買い足し、主治医の先生の指導を受けながら、月二～三回、十数人の生徒さんを教える事からスタートした「松永料理教室」。しかし、いざ始まったら何をどう教えて良いのやら……。思うようになかなかこなせず、最初の頃は眠れない夜が続きました。それが、ある時よくよく聞いてみると、皆さん、私が調理師専門学校で感じた「目からウロコ」と同じ思いを実感されていると言うのです。私はうれしくなり、だんだんと自信をつけていきました。幸い体調も安定し、友人や知人を紹介して下さる方のおかげもあって少しずつ生徒さんの数も増え、気がつけば月十五～十六回の講習をしても間に合わない程、たくさんの方が通って下さるようになりました。ありがたい事に、若い方から八十代の方、姉妹や

親子、ご夫婦まで、約三十数年の間に延べ数千人の生徒さんが、この教室の門をくぐって下さった事になります。現在も十～二十年間通い続けて下さっている生徒さんがたくさんおられる事は、私の何よりの喜びであり、励みにもなっています。

教室のスタイル

教室の献立は、大半が京料理のコースをお手本にした季節メニューですが、生徒さんからの要望もあり、年に数回だけ西洋料理や中華料理を教えています。「料理を教える立場になるなら和食以外も知っておきたい」と、神戸まで通い西洋と中華を学んだ事が役に立っています。

講習では、毎回作り方の解説をしてから、六～八品を皆で実際に作っていきます。翌月の料理内容を決めレシピをだいたいまとめたら必ず試作をするのですが、味が決まらない時等は毎日のように同じメニューを作り、レシピに繰り返し手を入れる事もあります。

「お料理は愛情いっぱいの科学」だと私は思っています。「何でうまくいかないのだろう」「どうしたら生徒さんに伝わるだろう」と考えながら、まずは自分で原理をしっかり解き明かし、レシピには「うまく作れるポイント」に留まらず、「なぜそこがポイントになるのか」まで書くようにしています。例えば、お鍋一つでも大きさや素材が違うとでき上がりが違ってくるので、なぜこの大きさのお鍋を使ったのか、もし同じ大きさがない場合はどのようにすれば良いのか等、とにかく分かっている事は全て書き込んでいくのです。この手書きのレシピに沿って実習のなかで生徒さんにかみ砕いて伝えていく事は、かつて理科が好きで教師を夢見た私には苦になりません。狭い教室で体力的にも大変ではありますが、「実習をしなくては伝わらない」と、今も変わらずこのスタイルを続けています。

これからの家庭料理に

近頃盛んに、時短が叫ばれています。昔は祖母から母へ、母から娘へといわれたように、女性が担い手でした。今は女性の社会進出が多くなり、家庭の仕事が分担されだしました。女性

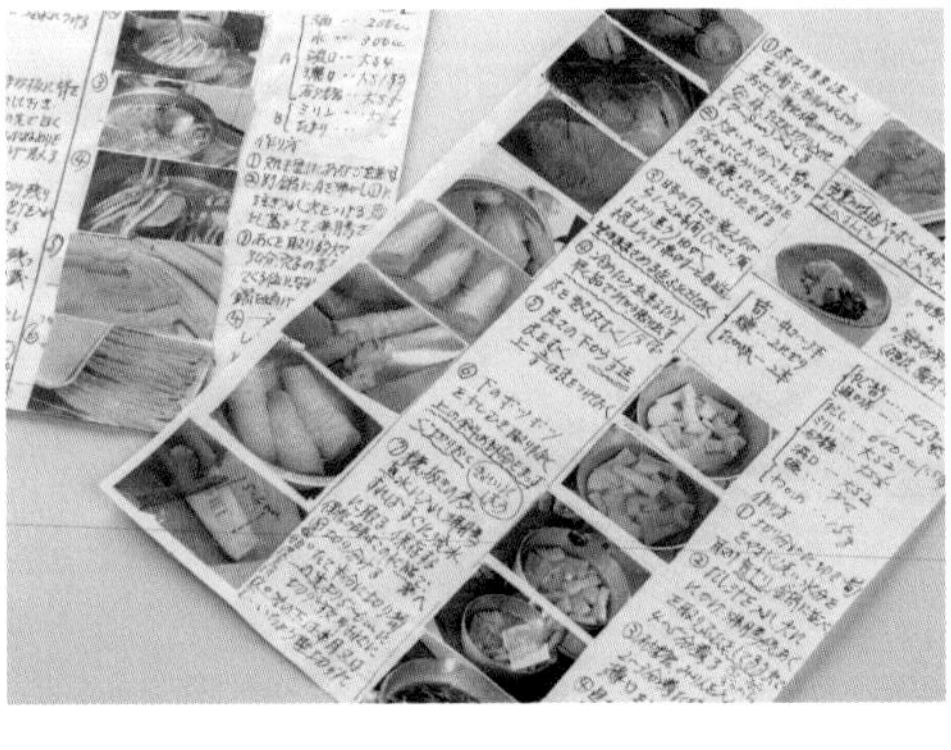

の社会進出は私も奨励しています。私自身も家庭生活をしながらずっと働いてきましたし、家でできる仕事だったため幸運ではありましたが、分刻みの忙しさの時もありました。

家庭のお料理は「引き算」です。毎日のおかずは、お料理屋さんのようには材料や手間をかけられず、「基本を踏まえてきちんと作られるもの」から、どこをどのように引いていくかを考えなければなりません。私の教室では、まずはできるだけ引き算をしない、基本を踏まえた「基《もと》の料理」を教え、引き算の仕方、できるところをアドバイスするよう心掛けています。人によって、時間的、経済的、食べ物への思い入れ等が違うので、引き算するところも違ってきます。基の料理を知った上で、それぞれが納得をして引き算ができれば、どこか物足りない、満足がいかないという事もなくなるはずです。この本のレシピも、その考えに基づいて、できるだけ詳しくまとめています。

魔法の杖のふり方教えます

お料理（食べ物）は、餌《えさ》ではありません。食べたもの、そしてそれをどのように食べたかで、身体と心が作られていくと私は思っています。食べる人は、「お料理を作る」という重労働を担ってくれる人に感謝して食べて欲しい。そして、作り手は「美味しいね」の言葉に励まされながら、どうかがんばって欲しい。

私は、美味しいものを食べたい、食べさせてあげたいと願って習いに来て下さるどの方にも、一生懸命教えてあげたいと、これまで教室を続けてきました。教室の門をたたいて下さった生徒さんのなかには、「私はお料理が下手なもので、どうぞよろしくお願いします」と言う方がおられます。ですが私は、習ってまで美味しいものが食べたい、誰かに食べさせてあげたいという人は、皆「魔法の杖」を持った人だと思っているのです。魔法の杖を持っている人は八分《はちぶ》通りお料理が上手な人。後の二分《にぶ》、私がその杖のふり方、ふるタイミングやコツを伝授するだけです。

今日もまた、トントン、トントン。魔法の杖を持った誰かが教室の門を、私の心を、たたいてくれています。「どんな杖を持った人だろう……」。私はうれしくなり、腕まくりをして、「よし、がんばるぞ」と思うのです。

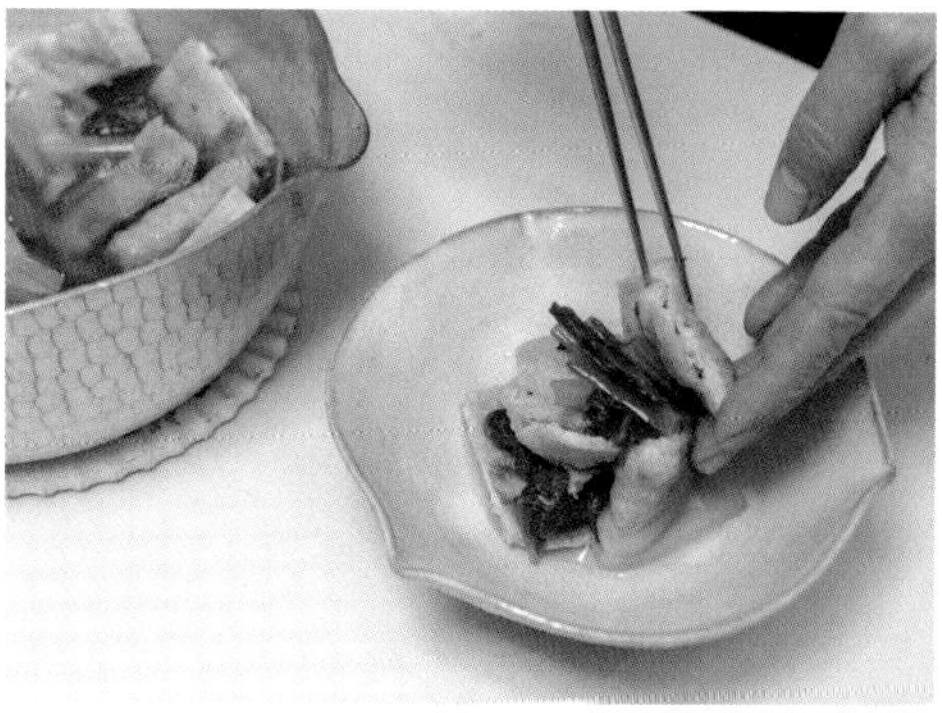

目次

夏の暮らしと料理 …… 60

第三章
常の素材と漬け物・保存食

常の素材

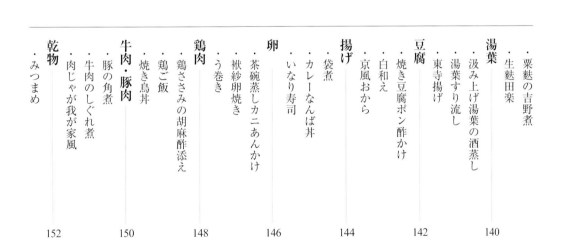

この本の使い方

本書のレシピに記載している分量や材料、調理器具等については、以下をご参照下さい。

〈分量について〉

特に記載のない場合は、下処理前（皮等を除く前）の分量を記載しています。

・１カップ…２００ccの事です。

・大さじ１…15ccの事です。

・小さじ１…５ccの事です。

※豆腐は一丁＝４００ｇのものを使っています。

※油揚げは一枚＝１５０ｇのものを使っています。

※砂糖は大さじ１＝９ｇ、酢・塩は大さじ１＝15ｇ、醤油は大さじ１＝18ｇです。

※米は１合＝１８０ccです。

〈調味料について〉

特に記載がない場合は、以下のものを使っています。

・砂糖…上白糖

・酢…米酢

・塩…粗塩

・揚げ油…サラダ油

※本誌では、酢は「千鳥酢」（村山造酢）を使用しています。

※「炒り胡麻」と記載のあるものは白胡麻を使っています。

〈だしについて（Ｐ170〜171参照）〉

・「だし」と記載のあるものは、昆布と混合削り節から取った一番だしを使っています。簡単だしを使っても作れます。

・「昆布だし」と記載のあるものは、昆布から取っただしを使っています。

・「だし用削り節」と記載のあるものは、混合削り節をだし用パックに入れたもの（１袋に７ｇ）を使っています。

〈塩熱湯と酢水について〉

「塩熱湯」と記載のあるものは、１％濃度の塩水を沸騰させたもの、「酢水」と記載のあるものは、１〜２％濃度の酢水を使っています。

〈材料の下処理について〉

・野菜や果物は特に記載のない場合は、水洗い後に皮、根、種等を取り除いてから使っています。

・魚介類に調味料で下処理して時間をおく場合は、暑い時期は冷蔵庫に入れて下さい（常温でおく場合は「そのままおく」等記載しています）。

〈調理器具について〉

・フライパンはテフロン加工のものを使っています。

・電子レンジは５００Ｗのものを使っています。

・グリルは片面焼きのものを使っています。

〈保存期間について〉

冷蔵保存の記載期間（開封前）は目安です。中身を取り出す際は、水分のついていない綺麗な箸等を使用して下さい。

〈メニュー名について〉

・記載しているメニュー名は、教室で使用している名称です。「まんじゅう＝万寿」等、私が個人的に親しんでいる文字で記載している場合もあります。

その他

材料や調理道具によって、加熱時間等は多少変わってきます。その都度状態を見ながら加減して下さい。

第一章

松永料理教室の献立と調理法

京料理をお手本にした献立と調理法について、教室で生徒さんにお伝えしている工夫やポイント等も盛り込みながら解説していきます。おもてなしに役立つレシピも一品ずつ紹介します。

料理教室の献立

組み合わせは
コース料理をお手本に

　教室の献立は、京料理のコースのように、調理法がなるべく重ならない料理を組み合わせています。お造り、椀物、和え物、酢の物、炊き合わせ、煮物、蒸し物、焼き物、揚げ物、ご飯物、そして、甘味や保存食。このなかから六〜八品、どれもその時々の季節の素材を使ったお料理です。お料理屋さんのコース料理は、味わいや食感、ボリューム等、組み合わせのバランスが絶妙ですが、これは家庭料理において毎日の献立を考える時、とても良いお手本になります。

基本の工程を大切にした
再現しやすいレシピ

　一つひとつのお料理は、私が京都で生まれ育つなかで自然に身についた、いわゆる京のおばんざい（おかず）もありますが、多くのメニューは、料理学校で学んだ京料理の基本を踏まえたもので、家庭でも作りやすいように工夫したものです。学校では料理のプロを育むための講習でしたが、私の教室の生徒さんは家庭の食卓を担う人がほとんど。ですから、何よりも大切にしているのは、生徒さんたちが家の台所で再現でき、美味しく作れるように伝える事です。

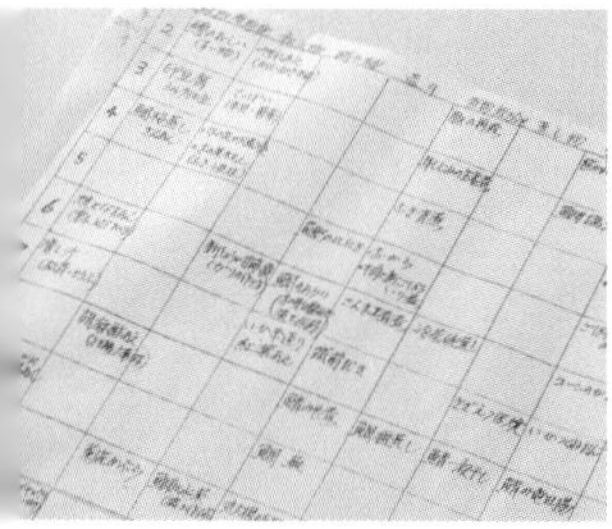

教室で講習したお料理を、調理法別にまとめている表です。

ある年の秋の献立。八寸（ぶり塩焼き・しば漬け・翡翠銀杏・紅葉麩・揚げいちょう丸十・温度卵・栗渋皮煮・松葉そうめん）、鯛松皮造り、お浸し（焼き松茸・水菜・菊花）、蕪蒸し、栗ご飯

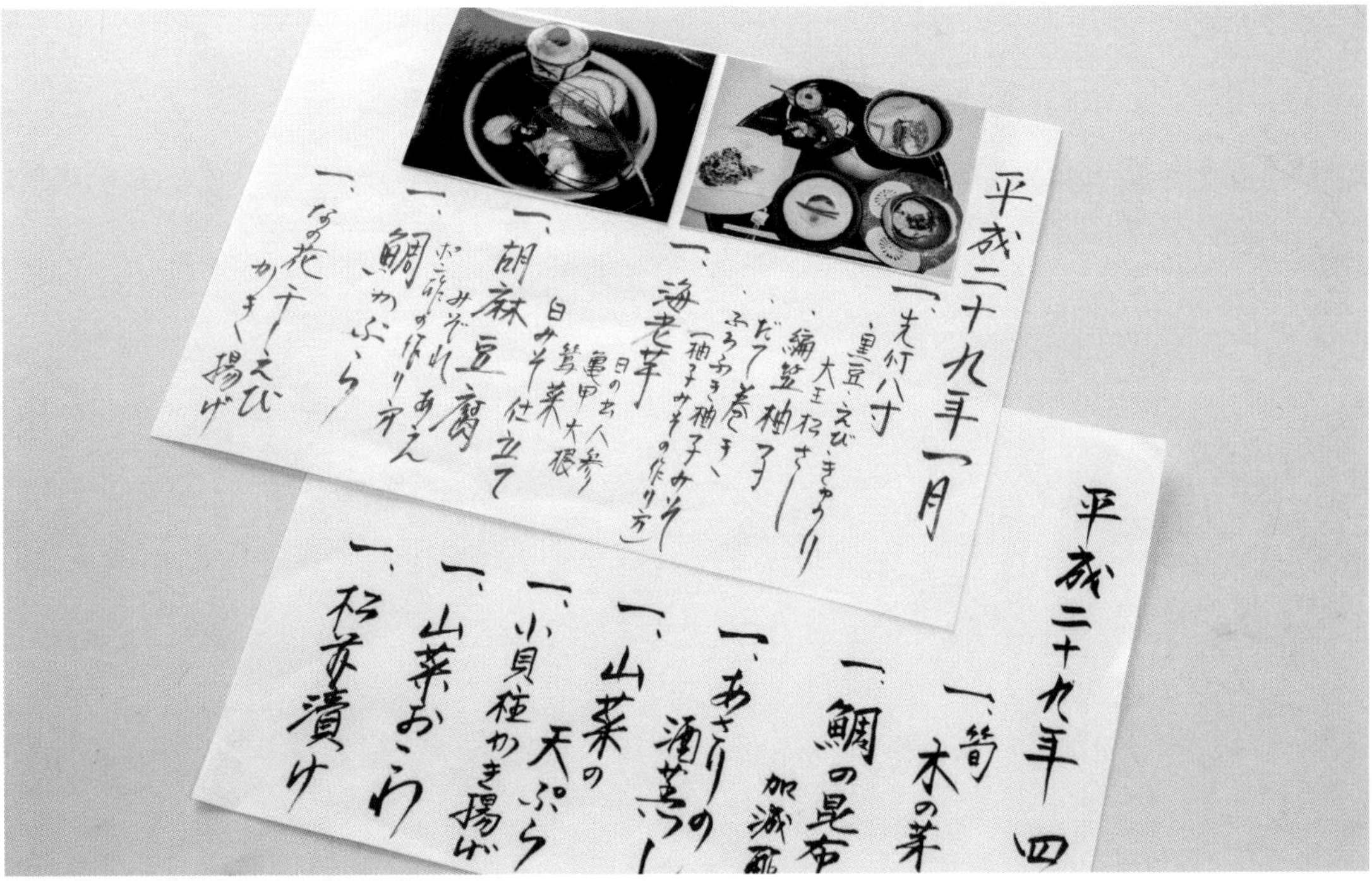

毎月私が筆書きしている献立表。写真も私が撮影し、レシピに添えて生徒さんたちに渡しています。

毎回の教室ではコツやポイントを細かく手書きしたレシピを手渡して、まずはそれぞれの料理の基本的な調理法等を解説し、実習に入るとその都度質問に応えながら一緒に料理を作っていきます。そして教室で味わうだけの料理だとしても、五感を磨き感性を養うひと時であって欲しいとの思いから、器や盛りつけ方もできる限り吟味し、京料理を意識しながら丁寧に仕上げていきます。

身近な素材や道具で美味しく作れるように

基本的な作り方や盛りつけ方が分かってくると、素材を変えたりアレンジをしても美味しく作れるようになり、料理の幅がどんどん広がります。例えば茶碗蒸しなら、卵液を泡立てないように混ぜ、布巾で茶巾絞りにして漉して「す」が入らないように蒸す。そうすると、なめらかな舌触りの素蒸しが作れます。これさえできるようになれば、中に入れる具材は鰻や銀杏でなくても、鶏肉や豆腐、残り野菜等でも良いと思います。

他の料理を作る時でも、レシピとは別の素材を用いたり、和食器ではなく似た形の洋皿に盛りつけたり、基本的な事を知っていればこそ、家庭では身近な素材や道具を使って自由に楽しめるのではないでしょうか。

第一章では、京料理をお手本にした調理法ごとの料理について、料理学校で京料理を学び、家の台所に長年立ち続けてきた私の視点で、できるだけ分かりやすくまとめています。お客様を迎える時の献立に、家族で囲む食卓の一品に、ぜひご活用下さい。写真や解説だけでレシピまで紹介できなかった料理もありますが、お料理屋さんで楽しむ時等の参考になれば、うれしく思います。

お造り

お造り（刺身）は生で食べる料理ゆえに、新鮮な魚介類を求めて下さい。お料理屋さんでは刃渡りの長い柳刃包丁を使って引き切りしますが、家庭の包丁でも刃全体を引きながら丁寧に切る事が大切です。お皿に盛る際は、三切れや五切れ等奇数をひとまとまりにして（写真左頁）、あしらい（けん、つま、辛み）とともに盛りつけ、魚の種類やお好みで、醤油やポン酢、塩、梅肉等を添えましょう。

魚によっては、氷水にさらしたり直火で炙る等のひと手間をかけると、より美味しくいただけます。

〈さまざまなお造り〉

霜降り造り（落とし）

熱湯にくぐらせてから氷水で冷やし、うま味を凝縮させたもの（写真A）。皮つきのまま熱湯をかけて霜降りにし、皮も食べやすくしたものを「松皮造り」（写真B）という。

焼き霜造り（たたき・炙り）

表面を直火で炙ってから氷水で冷やし（そのまま冷ます場合もある）、香ばしさも味わえるもの。

たたき（なめろう）

魚の身を薬味とともに包丁で細かくたたき切ったもの（写真C）。あじやいわし等クセのある青背の魚に用いる事が多い。

……他にも、酢に浸した「酢締め（きずし）」、昆布の味をなじませた「昆布締め（松前締め）」（写真D）、醤油等に漬け込んだ「漬《づ》け」等がある。

〈あしらい三要素〉

けん

主になるあしらい。大根、人参、きゅうり等の野菜を桂むきにし、せん切りや短冊切り、よりをかける等したもの。

つま

香味野菜や季節の素材。飾りの他、魚の臭み消しや消化を促す。菊花、大葉、紅蓼《べにたで》、穂紫蘇《ほじそ》等。

辛み

味や香りに刺激があるもので、魚の臭み消しにも役立つ。わさび、生姜、紅葉おろし等。

A 鱧の落とし

B 鯛の松皮造り

C あじのたたき

D 鯛の昆布締め

E ひらめの薄造り

ワンポイントレッスン　覚えておきたい「平造り」と「へぎ造り」（※右利きの場合の切り方）

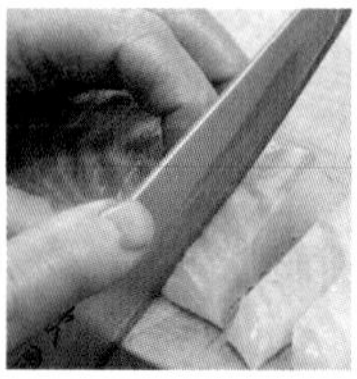

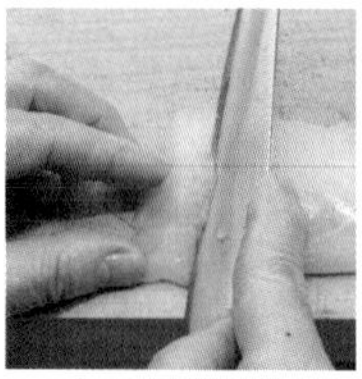

お造りにする時は、引き切りして下さい（包丁を引きながら切り分ける）。「平造り」（写真右）は皮目を上、身の薄い方を手前におき、右側から包丁を立てて引きながら切り、切れた身は包丁で右に離しておきます。「へぎ造り（そぎ切り）」（写真左）は、皮目を下、身の薄い方を手前におき、左側から包丁を少し寝かせて引きながらそぐように切り、切れた身は左手で持ち上げて左横におきます。ごく薄くそぎ切りしたものを「薄造り」（写真E）といいます。

鯛のお造り

〈材料〉3人分
鯛（刺身用ブロック）
… 皮なし200g・皮つき50g
大根のけん … 適量
大葉 … 5～6枚
芽紫蘇・穂紫蘇 … 適量
より大根 … 適量
より人参 … 適量
わさび … 適量
土佐醤油・塩 … 適量

＊土佐醤油は醤油に削りかつおと酒等を加えて火を入れ、漉したものです。

〈作り方〉

① 皮なしの鯛は平造り（右頁参照）、へぎ造り（右頁参照）、角造り（1.5～2㎝のさいの目切りにする）、細造り（細長く切る）にする。
② 皮つきの鯛は皮に切り目（化粧包丁）を入れ、和布巾等をかぶせて熱湯をかけ、氷水に落として急冷し身を締め（霜降り）、水分を拭き取って平造りにする。
③ 大皿に大根のけんを5か所おき、上にそれぞれ大葉をのせて①、②のお造りを盛る。
④ 芽紫蘇を盛り、より大根、より人参、穂紫蘇を飾り、皿の空いている部分にわさびをおく。土佐醤油、塩を添える。

※造りは食べる直前に切って盛りつけ、皿と添えも冷やしておきましょう。大皿盛りの場合は、わさびや醤油等は別盛りにするのも良いでしょう。

より大根・より人参（飾り切り）

〈材料〉作りやすい分量
大根・人参 … 各5㎝分（輪切り）

〈作り方〉

① 大根、人参は皮をむき、厚さ2～3㎜の桂むきにする。
② 横向けに広げて5～7㎜幅の斜め切りにし、氷水に2～3分浸ける。
③ 箸等に巻きつけてしっかり押さえ、よりをかける。
④ 氷水に2～3分浸け、水分をペーパー等でやさしく拭き取る。

※中心部分を使うと綺麗なよりがかかります。うどやきゅうり等でもできます。

煮物椀・汁物

「煮物椀」はコース料理に登場するお料理、「汁物」は家庭でおつゆとして親しまれているものです。どちらも吸い地（汁）が決め手となるので、美味しいだしをひく事が肝心です。

煮物椀は先付や向付（お造り等）の次に出てくる事が多く、向付とともにコースのメインといわれる料理。大きめの椀に「椀種《わんだね》」、「椀妻《わんづま》（添）」、「吸い口」の三つの要素を揃え、最後にそっと吸い地をはるのが基本で、具材や汁、器等で季節を表す決まりがあります。なかでも香りの素材を用いる吸い口は、煮物椀全体の味わいや香りを高めてくれる大事な脇役。木の芽と柚子がその代表です。

吸い地と中身を別々に温めておく等、手間のかかる煮物椀は家庭のお料理ではありませんが、少し知識があるとお料理屋さんでの楽しみも広がります。教室では、生麩や卵豆腐等を椀種にした簡単なメニューを教え、お客様へのおもてなしにおすすめしています。

普段の料理には、お鍋の中に吸い地と具材を入れて仕上げる汁物で充分。少しランクアップしたい時には、煮物椀のように吸い口を添えてみて下さい。風味が豊かになります。

〈煮物椀の三大要素〉

椀種

煮物椀の中心になる材料。魚介（すり身を含む）や鶏肉等、動物性のものを使う事が多く、その他、湯葉や豆腐、生麩等を用いる場合もある。

椀妻（添）

椀種の彩りや味わいを引き立てるあしらい。野菜やきのこ、海藻等、植物性のものをよく用いる。

吸い口

風味を添える香りのもの。木の芽、柚子、茗荷、胡麻、山椒、辛子、生姜、七味等があり、すりおろしたり粉にしたものは汁に軽く混ぜる事が多い。

〈さまざまな煮物椀〉

すまし仕立て

一番だしに塩、淡口醤油等で調味したもの（写真左頁）。

葛仕立て（銀あんP171参照）

一番だしに塩、淡口醤油、みりん等で調味した後、葛でとろみをつけたもの。

すり流し

すりつぶした野菜や豆腐等をだしでのばして調味し、吸い地にしたもの（写真A）。

……他にも、魚介のだしを用いた「潮仕立て」や、すっぽんのだしを用いた「丸仕立て」等がある。

〈さまざまな汁物〉

すまし汁

一番だしに塩、淡口醤油で調味したもの（写真B）。

味噌汁

だしを味噌で調味したもの。二種類の味噌を使うと「合わせ味噌仕立て」になり、なかでも赤味噌と白味噌を合わせたものを「袱紗《ふくさ》味噌仕立て」という。

……他にも、酒粕を用いた「粕汁」（写真C）等がある。

A 蓮根のすり流し

B あんぺいと笹葱のおつゆ

C 粕汁

煮物椀（ぼたん鱧）

〈材料〉4人分

活き締め生鱧（骨切り済み）
…1/2尾（約20cm）

松茸（笠部分）…50g

菊菜…1/2束

青柚子皮…適量

だし…600cc

A｜塩…小さじ1/3
　｜淡口醤油…小さじ1

葛粉（または片栗粉）…適量

塩…少々

〈作り方〉

① 菊菜は綺麗に洗い、塩熱湯で茹でる。冷水に取って冷めれば軽く絞って4cm長さに切る。

② 松茸はかた絞りの布巾で丁寧に拭き、放射状に切る。

③ 鱧は4等分に切って皮に塩をふる。身の部分は竹串で切り目を一目ずつ離しながら、刷毛で丁寧に葛粉をまぶす。

④ 丸く仕上がるように形を整え、皮を下にして穴あきお玉にのせる。

⑤ 鍋に湯を沸かし、少し水を足して温度を落とし、④の皮目のみ湯に浸ける。

⑥ 鱧の皮が縮んで身が丸まってくれば、お玉全体を浸けて鱧を湯に落とす。

⑦ 葛粉が透き通って鱧に火が入れば氷水に取る。冷たくなったらザルに上げて水気を切り、ペーパー等の上において水分を拭き取る。

⑧ 熱湯にくぐらせて椀に盛り、菊菜を添える。

⑨ 鍋にだしとAを入れて火にかけ吸い地を作り、沸いてきたら松茸を入れ、再度沸いたら火を止める。

⑩ ⑧の椀に松茸を盛って吸い地をはり、松葉形に切った柚子皮を飾る。

※鱧は火を入れるとくずれやすいので、やさしく丁寧に扱って下さい。

和え物

和え衣を調味し、野菜や魚介等と混ぜ合わせる「和え物」。具材に和え衣をかけたものや調味液に浸したもの（お浸し）も、和え物に入ります。

和え衣はよく混ぜ合わせておき、具材の水分をしっかり切ってから合わせる事が肝心です。時間が経つと具材から水分が出てきてしまうので、いただく直前に和えて下さい。直前に作れない時等は、具材を器に盛りつけて冷やしておき、和え衣をたらりとかけて食卓に並べ、いただく人に和えてもらいましょう。この方法は、素材そのものの鮮やかな色合いも楽しめるのでおすすめです。また、ひと手間かけて具材を「地」に浸しておき、これを絞って和え衣と合わせると、さらに味わい深くなります。浸し地は、だしに醤油やみりんで調味したものを使います。

胡麻和えをする時の胡麻は、教室では洗い胡麻を炒ってからすり鉢であたって（すって）いますが、今は美味しい炒り胡麻も手に入るので、炒り胡麻をあたっても良いでしょう。仕上げに胡麻ペースト（練り胡麻）をほんの少し加えると、一層美味しくなるのでぜひ試してみて下さい。

和え物はコース料理においては主役ではなく、他料理を引き立たせる要素が多く、先付、箸休め、酒の肴の他、八寸のなかの一品としてもよく使われます。

〈さまざまな和え物〉

胡麻和え

胡麻を炒ってからすり（すり胡麻や胡麻ペーストを使う場合もある）、調味して和え衣にしたもの（写真Ａ・Ｂ・Ｃ）。

白田楽味噌和え

白田楽味噌（Ｐ173参照）を和え衣にしたもの。白田楽味噌に酢を加えたものを和え衣にすると「酢味噌和え」、酢と辛子を加えたものを和え衣にすると「辛子酢味噌和え」（写真Ｄ）になる。木の芽をよくすり、白田楽味噌等を混ぜて和え衣にしたものを「木の芽和え」といい、鮮やかな緑色に仕上げるために、お店等では「青寄せ（ほうれん草等の葉から作る緑の色素）」を用いる事が多い（写真左頁）。

みぞれ和え

大根おろしにポン酢等を合わせ、和え衣にしたもの。仕上げにさらし葱を天盛りにする事が多い。

白和え

水気を切った豆腐をすりつぶして調味し、和え衣にしたもの。和え衣に酢を合わせると「白酢和え」になる。

お浸し

だしを調味して、具材を浸したもの。京都では、お浸しというと胡麻和えを指す場合もある。

……他にも、わさびや溶き辛子を調味して和え衣にした「わさび和え」や「辛子和え」、和え衣に海苔を用いた「浅草和え」（写真Ｅ）等がある。

A 茄子の胡麻和え

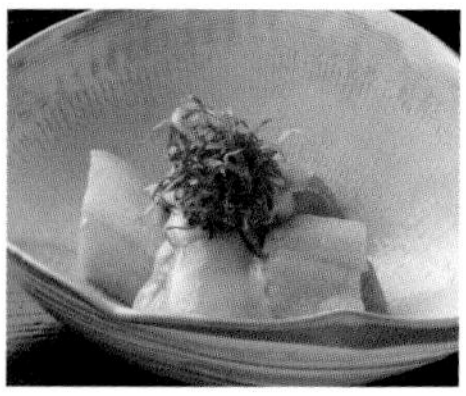

B 翡翠茄子の胡麻ペーストかけ

C 水菜とお揚げの胡麻和え

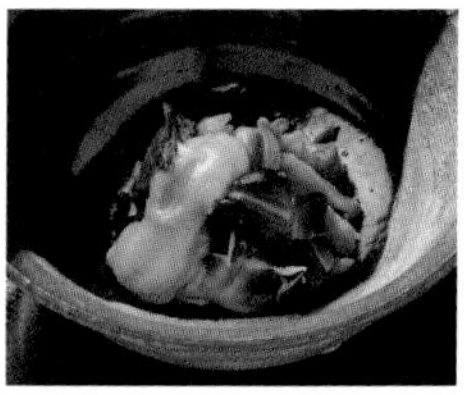

D 貝と分葱の辛子酢味噌がけ

E 柿の浅草和え

筍木の芽和え

〈材料〉4人分
茹で筍 … 120g
白板こんにゃく … 60g
白田楽味噌（P173参照）
… 120g
木の芽 … 5g
ほうれん草の葉 … 2〜3枚
塩 … 少々
桜花びら百合根 … 4個
（百合根に花びらの細工をし、薄い食紅水に浸けて色づけして茹でたもの）

〈作り方〉
① 筍とこんにゃくは1㎝のさいの目に切り、別々に茹でてザルに上げ水分を切っておく。
② ほうれん草の葉は塩熱湯でさっと茹でて冷水に取り、冷めたら水分をしっかり絞って細かく刻む。
③ 木の芽は綺麗に洗って水分を拭き取り、粗く刻んですり鉢に入れ、塩をふってしっかりする。ほうれん草を入れてさらにしっかりする。
④ 白田楽味噌を入れて綺麗に混ぜ、筍とこんにゃくを入れて混ぜ合わせる。
⑤ 器に盛り、百合根を飾る。

※お料理屋さんでは甲イカを使いますが、家庭用として代わりに白こんにゃくを入れています。青寄せ（下記参照）を作っておくとほうれん草の工程が省け、より手早く作れます。

青寄せ

〈材料〉作りやすい分量
ほうれん草の葉 … 1把分
水 … 500cc
塩 … 少々

〈作り方〉
① ほうれん草は綺麗に洗って細かく切り、すり鉢に入れてしっかりする。
② 水を入れて再びしっかりすり、青汁を作る。
③ ザルを通して鍋に入れ、塩を入れて火にかける。
④ 沸騰したらペーパーを通して漉し、ペーパーに残ったものをしっかり絞る。

※すり鉢の代わりにミキサーを使用しても作れます。小分けしてラップに包み、冷凍保存も可能です。

酢の物

酢に甘み（みりん、砂糖等）や塩み（塩、醤油等）を混ぜて「合わせ酢」を作り、季節の魚介や野菜等と組み合わせると、さまざまな「酢の物」が作れます。ほとんどの酢の物は、具材の水分をしっかり切ってから合わせ酢を和え、しばらく冷やしておくと美味しくいただけます。

酢と砂糖を合わせた「甘酢」は、淡口醤油を合わせると「三杯酢」、三杯酢におだしを合わせると「土佐酢」になるので、常備しておくと便利です。教室で酢の物を作る時は、三杯酢よりまろやかな味わいの酢の物が作れるので、土佐酢をベースにするよう教えています。

土佐酢は「八方酢」や「加減酢」とも呼ばれ、配合は作り手や好みによってさまざまです。お料理屋さんでは生酢を使わずに、冬はだいだいやすだち、夏はかぼすやレモン等、柑橘類の酸味を用いてだしで割り、土佐酢としている所もあります。

〈さまざまな合わせ酢〉

甘酢（P172参照）

—酢と砂糖を混ぜたもの（水を加えたり加熱する場合もある）。蓮根の甘酢漬け（写真A）やらっきょう漬け等に用いる。

二杯酢

—酢と淡口醤油を混ぜたもの。貝類の酢の物に用いる事が多い。

三杯酢

—酢、砂糖（またはみりん）、淡口醤油を混ぜたもの。家庭の酢の物に用いる事が多い（写真B）。

土佐酢（八方酢・加減酢）

—三杯酢にだしを加えたもの。合わせ酢の代表的なもので、うざく、蛸酢、鱧と瓜（写真左頁）等、多くの酢の物に用いる。

ポン酢

—柑橘類の搾り汁に濃口醤油やみりん等を加え、昆布を浸してうま味を移したもので、鍋物のつけダレ等にも用いる。大根おろしと和えたものを「みぞれ酢」という（写真C）。

南蛮酢

—土佐酢に焼き葱や鷹の爪等を加えたもの。揚げる、焼く等した具材を浸ける事が多い（写真D）。

……他にも、土佐酢に生姜汁を加えた「生姜酢」や、土佐酢に昆布を浸したり糸目昆布を加えた「松前酢」等がある。

A 蓮根の甘酢漬け

B 海老とわかめの三杯酢

C みぞれ和え（カニ・えのき茸）

D 鮭の南蛮漬け

ワンポイントレッスン ｜ 甘酢と土佐酢の配合目安

酢は沸かすと酸味が飛んでしまうため、家庭用に少量の甘酢を作る時は加熱をせずに瓶で作るのがおすすめです。煮沸消毒した蓋つきの瓶に「酢100cc：砂糖35g」の配合で入れ、砂糖が溶けるまでよくふって下さい（P172参照）。土佐酢は「甘酢大さじ2、淡口醤油小さじ2、だし大さじ2〜6」を目安にお好みで配合を。この量できゅうり2本分の酢の物が作れます。

鱧と瓜の土佐酢

〈材料〉４人分
鱧の照り焼き … 10cm
白瓜 … 1/3～1/2本
オクラ … 1～2本
塩 … 適量
A　甘酢 … 大さじ2
　　淡口醤油　小さじ2
　　だし … 大さじ4
B　3%塩水 … 300cc
　　昆布 … 3～4cm角1枚

〈作り方〉
① Aを混ぜ合わせて土佐酢を作る。
② 鱧は食べやすい大きさに切る。
③ オクラは塩でもんで産毛を取り、綺麗に洗う。塩茹でして冷水に取り、冷めたら輪切りにする。
④ 白瓜は塩でもんでから洗い、薄く皮をむいて縦半分に切り種をスプーン等で取り除く。7mm～1cm幅に切ってBにしばらく浸け、しんなりしたらしっかり絞って水分を拭き取る。
⑤ 器に瓜を盛り、鱧を添えてオクラを天盛りにし、土佐酢をかける。

※白瓜の水分をしっかり絞っておくと、パリパリと歯応えが良くなります。

炊き合せ・煮物

　調味料とともに加熱調理するもので、具材や味つけ、炊き方の組み合わせによって、さまざまな料理が作れます。

　コース料理の中盤以降に登場する「炊き合わせ」は、筍・わかめ・蕗《ふき》の炊き合わせ（写真左頁）のように、それぞれの素材を別々に煮て器の中で盛り合わせたものです。器には主となる具材の煮汁をはり、木の芽等季節の香りのものを天盛りにする事が多いです。

　一方、家庭でおなじみの「煮物」は一つのお鍋でいろいろなものを一緒に炊く料理で、京都のおばんざいのなかでは「炊いたん」と呼ばれるものです。大根といかの炊いたん、肉じゃが、筑前煮（写真A）等があります。

〈さまざまな煮物〉

含め煮（旨煮）
鍋にだし、調味料、具材を入れて加熱し、沸騰後弱火でしばらく煮てから火を止め、冷ましながらゆっくり味を含ませたもの。

煮つけ
ひたひたの煮汁の中で火を通した後、強火にして煮詰め、煮汁を具材の表面に絡めたもの。なかでも魚の煮つけは、皮目だけに色がつき、身は真っ白でやわらかくなるように仕上げる（写真B）。

土佐煮
だしを調味した煮汁に追いがつおをしたり、煮汁にたっぷりの削りかつおを加えて煮たもの。または、具材を煮てからかつお節をまぶしたもの。

色出し煮
茹でて冷水に取り色出しした具材を煮汁（冷めたもの）に浸けたり、鍋ごと急冷して色良く仕上げたもの。蕗等は「青煮」（写真左頁）ともいう。

白煮
うど、小芋、百合根等、煮汁に醤油を使わず、または醤油を控えめに入れて白さを失わないように煮たもの（写真C）

吉野煮（治部煮）
煮汁にとろみをつけたもの、または具材に葛粉や片栗粉をつけて煮たもの。

甘露煮
鮎や鮒等を骨までやわらかくこってりと煮たもの。煮汁に水飴を加えて煮詰めると「飴煮」になる。

佃煮
小魚を煮詰め保存していたのが始まりで、小魚や貝類を甘辛い調味料で煮詰めたもの。今は、昆布やクルミの佃煮等もある。

揚げ煮・炒め煮
具材を揚げる、炒める等して色やコクを出してから煮たもの（写真D）。

……他にも、冬瓜《とうがん》等を透き通るまでゆがき、煮汁を含ませるように煮た「水晶煮（翡翠《ひすい》煮）」や、蛸やいか等を長時間かけて煮た「やわらか煮」（写真E）等がある。

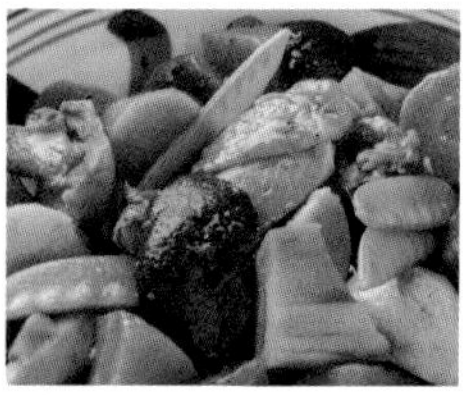
A 筑前煮

B イサキの煮つけ

C ウドの白煮

D 茄子と干し海老の炊いたん

E 蛸と小芋の炊き合わせ（芋蛸）

筍・わかめ・蕗の炊き合わせ

〈材料〉4人分

茹で筍（P41参照）… 400g
だし … 600cc
A │ みりん … 大さじ2
　│ 砂糖 … 大さじ1/2
B │ 淡口醤油 … 大さじ2
　│ 塩 … 少々
　│ だし用削り節
　│ … 1パック（7g）
干しわかめ … 30g
蕗 … 1/2把
C │ だし … 200cc
　│ みりん … 大さじ2弱
　│ 淡口醤油 … 小さじ2
　│ 塩 … 小さじ1/4
木の芽 … 適量

〈作り方〉

① 筍、だし、A、Bで筍土佐煮を作る（P53①〜⑥参照）。
② わかめは水で戻し、芯を取り除いて適当な大きさに切る。①の筍の煮汁の半量を別の鍋に移し、わかめを入れて火にかけ、沸いたら火を止めてそのままおく。
③ 蕗は綺麗に水で洗って葉をつけ根で切り除く。茹でる鍋の直径に長さを合わせて切り、塩をふって板ずりする。
④ 鍋に湯を沸かし、太い部分は4〜5分、細い部分は1〜2分と時間差をつけて茹でる。冷水に取って急冷し、完全に冷ます。
⑤ 切り口より3〜4cm皮をむいてから、皮をひとまとめにして一気に下に引っ張ってむき、3〜4cmに切り揃える。
⑥ 鍋にCを入れて火にかける。沸いたら蕗を入れ、1分経てば鍋ごと冷水に入れて急冷する（青煮）。
⑦ 煮汁に蕗を浸けたまま冷蔵庫に入れ、味を含ませる。
⑧ それぞれの鍋を温め、器に筍とわかめを盛って蕗を添え、筍の煮汁を少しはって木の芽を飾る。

※蕗を下茹でする時は、太さの違いで茹で時間が変わるので、時間差をつけて茹でて下さい。

蒸し物

熱い蒸気によって一気に加熱調理する「蒸し物」。素材の水分を保ったままムラなく火を通す事ができ、振動を与えないで調理できるため、くずれる事なく美しく仕上がります。また、焦げるという心配がなく、蒸し上がれば冷めにくく、冷やしてもかたくなりにくいというのも特徴です。

　代表的なものに、調味した卵液に鰻や銀杏、百合根等の具材を入れて蒸し上げる「茶碗蒸し」があります。教室では手軽な作り方として、卵液だけで素蒸しを作り、季節の具材は後でトッピングする方法も教えています。夏は冷やして、冬は熱々で、季節に合った味わいを楽しんで下さい。

　蒸し器を使用する際は熱い蒸気に注意が必要です。具材はあらかじめ外しておいた蒸籠《せいろ》にセットしておき、下鍋から蒸気が上がったら手早く蒸籠を置き、蓋をします。

　蒸し器がない場合は、大きな鍋にセルクル（輪っか）を三個置き、上に網等をのせると代用できます。網の上にタオルを敷いてその上に具材を入れた器を置き、別に沸かしておいた湯を注ぎ、蓋をして加熱して下さい。こうすると、すぐに熱い蒸気が上がり、スムーズに蒸し始められます。

〈卵を使った蒸し物〉

卵豆腐

—溶き卵にだし（教室では卵の一・五～一・八倍量）と調味料を加え、蒸したもの（写真A）。

茶碗蒸し

—溶き卵にだし（教室では卵の四倍量）と調味料を加え、さまざまな具材を入れて蒸したもの（写真左頁）。

〈さまざまな蒸し物〉

蒸し煮

—具材にだしや調味料等を合わせて蒸したもの。酒を入れて蒸し煮にしたものを「酒蒸し」（写真B）という。

土瓶蒸し

—土瓶に具材とだしを入れて蒸したもの（写真C）。

……他にも、蕪やつくね芋をすりおろし、具材にのせて蒸した「蕪蒸し」（写真D）や「薯蕷蒸し」等がある。餅米を蒸した「白蒸し」、「おこわ」、「赤飯」等を、蒸し物として扱う場合もある。

A 卵豆腐

B あさりの酒蒸し

C 松茸と鱧の土瓶蒸し

D 蕪蒸し

ワンポイントレッスン ｜ **茶碗蒸しは“す”が入らないように**

「す」とは、卵液を蒸す際に、混ぜ入れただしが沸騰して泡となった形跡です。すが入らないようにするには、強～中火で蒸し始め、卵液がある程度固まったら中～弱火にしてだしを沸騰させないようにします。火力調整が難しい場合は、蒸籠にタオルを敷いて熱伝導を和らげ、器にラップをピタッとかぶせ中火で蒸し上げる方法でも綺麗に仕上がります(左頁参照)。竹串を刺してにごった卵汁が出てきたらもう少し蒸し、澄んだだしが出てきたらでき上がりです。

赤飯入り茶碗蒸し

〈材料〉4人分

卵 … 2個（100mℓ）

だし … 400cc

赤飯 … 150g

茹で三つ葉（軸部分）… 4本

A　塩 … 小さじ1/2弱（2g）
　　淡口醤油 … 小さじ1/2

〈作り方〉

① ボウルに卵を割り、泡立てないようにしっかりほぐす。

② だしを混ぜて布巾で茶巾絞りにして漉し、Aを入れて泡立てないように混ぜる。

③ 赤飯の2/3量を4等分にし、耐熱の器それぞれに入れる。

④ ②の卵液を注ぎ入れ、ラップをシワにならないように引っ張りながらかぶせる。

⑤ 蒸籠にタオルを敷き、器が触れないように離して置く。

⑥ 蒸し器の下鍋に火をつけて蒸気を上げ、⑤の蒸籠を置く。蓋をして中火で12～15分蒸す（右頁ワンポイントレッスン参照）。

⑦ 蒸し上がったらラップを外し、残りの赤飯を盛って2cm長さに切った三つ葉を添える。

焼き物

「焼き物」とは、グリル等の直火で焼いたり、フライパン等を介して間接的に加熱調理する料理です。表面は香ばしく中はふわっと焼き上げるには、火加減や加熱時間が重要です。表になる面から焼き始めると仕上がりも綺麗で、魚の切り身等は「串打ち」をすると返しやすく、形良く焼けます。

魚の切り身を塩焼きにする場合は、塩をふってしばらくおき、出てきた水分を拭き取って生臭さを抑え、再び塩をふってしばらくおいて、熟成させてから焼くのがコツです。

京料理の代表的な焼き物に、ぐじ（甘鯛）の若狭《わかさ》焼き（写真A）があります。若狭ものといわれる一汐（塩）したぐじをウロコをつけたまま炙り焼き、熱い酒をかけていただく美味しい料理です。

〈さまざまな焼き物〉

塩焼き

具材に塩をふって焼いたもの、または塩をふってしばらくおいてから焼いたもの。酒を用いて焼くと「酒塩焼き」になる（写真左頁）。

照り焼き（つけ焼き）

具材を七～八割素焼きした後でタレを絡ませながら焼くか、タレに浸けておいた具材を焼いたもの。フライパンで焼く場合は、素焼き後に余分な脂等を拭き取ってからタレを絡める。

油焼き

具材に油をかけながら（写真B）、またはフライパン等に油をひいて具材を焼いたもの（だし巻き、田楽焼き、すき焼き等も含む）。

味噌漬け焼き

調味料でのばした味噌地に具材を漬け込んでから焼いたもの。

幽庵焼き

酒、みりん、醤油等を混ぜた調味液（幽庵地）に具材を漬け込んでから焼いたもの。幽庵地に白粒味噌を入れ具材を漬け込んでから焼いたものを「味噌幽庵焼き」という（P157参照）。

……他にも、朴葉《ほおば》や宝楽、貝殻を介して焼く、「朴葉焼き」、「宝楽焼き」（写真C）、「貝焼き」（写真D）等があり、焼ける直前または焼いてから胡麻をふる「胡麻塩焼き（京焼き）」や木の芽を散らす「木の芽焼き」等もある。

A 一汐ぐじの若狭焼き

B スズキの油焼き

C 穴子入り宝楽焼き

D さざえのつぼ焼き

ワンポイントレッスン ｜ 焼き魚をする時の串の打ち方

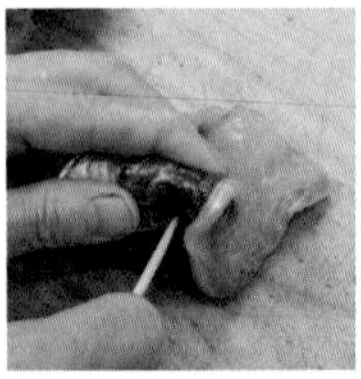

串打ちには、切り身の薄い方をくるりと巻く「片褄《かたづま》折り」（写真左・P59参照）や両方を巻く「両褄《りょうづま》折り」、波形になるように山と谷を作る「波串」、泳いでいるような形で串を刺す「踊り串」等があり、串を打つ事で切り身や一尾魚に立体感が出て形良く焼けます。竹串はあらかじめ水に浸し、水分を含ませておくと焦げにくくなります。焼けたら熱いうちに串を数回まわし、一気に抜くと抜きやすいです。

鯛の酒塩焼き

〈材料〉4人分
鯛切り身 … 4切れ
塩 … 適量
酒 … 大さじ3と1/2

〈作り方〉
① 鯛は骨つきの場合は骨を取り除き、両面に塩をふってしばらくおく。
② 表面に浮き出た水分をペーパー等で拭き取り、塩をふって20分おく。
③ 酒大さじ1と1/2をふりかけて10分おく。
④ 水分を拭き取って上面に塩をふり、グリル等で焼く。
⑤ 両面に綺麗な焼き色がつけば、脂をペーパー等で拭き取って器に盛り、熱くした酒大さじ2をかける。

※工程は簡単ですが、塩や酒をふってしばらくおいて浸透させ、焼けた後に熱い酒をかけると、身がやわらかく味も格段に美味しくなります。このような酒塩焼きは、鯛やぐじ（甘鯛）等白身の魚に適しています。

揚げ物

「揚げ物」は、油脂類が媒体となって加熱調理するものです。何もつけないで揚げる「素揚げ」、粉をまぶして揚げる「唐揚げ」、衣（粉＋卵冷水）をつけて揚げる「衣揚げ（天ぷら）」等があります。

揚げ物全般に油はねしないように具材の水分をしっかり拭き取っておく事が肝心で、揚げている最中は途中であまり動かさず、表面が固まったのを見届けてから裏表を返すようにして下さい。具材や衣に味をつけないものは、塩や天つゆ等を添えましょう。

素揚げは、色鮮やかに仕上げたい面（茄子の皮目等）から先に油に入れると、表面の温度が一気に上がり色良く揚がります。唐揚げは、具材に粉をつけてしばらくなじませておき、揚げる直前にもう一度粉をまぶすと粉の層ができて表面がカリッと揚がります。衣揚げは、具材と油の温度差が大きい程サクッと仕上がるので、具材も衣も冷たくしておきましょう。

〈さまざまな揚げ物〉

花揚げ

—具材に衣をつけて油に入れ、衣を散らしながら揚げたもの。花を咲かせるように揚げるため、「花揚げ」と呼ばれる（写真左頁）。

かき揚げ

—細くまたは小さく切った具材に衣を混ぜ、木べら等を使って油に入れ揚げたもの（写真A）。

竜田揚げ

—具材に醤油とみりんベースの調味料で下味をつけ、片栗粉をまぶして揚げたもの（写真B）。

挟み揚げ

—具材の間に別の具材を挟み、揚げたもの（写真C）。

まぶし揚げ・巻き揚げ

—海苔、大葉、春雨、おかき、乾麺等、いろいろな素材を衣として、または衣に混ぜて、具材にまぶしたり巻いたりして揚げたもの。湯葉を使ったものを「東寺揚げ」という。

……他にも、具材を揚げてだしをかけた「揚げだし」や、揚げた後で調味液に浸した「南蛮揚げ」（写真D）、野菜や魚の骨等をパリパリに素揚げした「せんべい」等がある。

A 牛蒡と海老のかき揚げ

B 鯖の竜田揚げ

C 茄子の挟み揚げ

D 鱧の南蛮揚げ

ワンポイントレッスン｜天ぷらの衣の配合と作り方

少量の衣を作る時には、はかりを使わずに計量スプーンを使用すると便利です。それぞれの対比は「薄力粉：片栗粉：卵冷水＝10：1：10」です。衣を作る工程は左頁③、④同様、先に粉類を合わせてふるってから卵冷水と混ぜます。卵黄はごく少量しか使わないのでスプーンですくって加え、残りは別料理に使って下さい。粉は薄力粉を使用し、グルテンが出ないようにあまり混ぜないようにしましょう。

花揚げ

〈材料〉4人分

海老 … 8尾
茄子 … 1本
大葉 … 4枚
椎茸 … 4個
さつま芋 … 1/4本
薄力粉 … 適量
A　薄力粉 … 100g
　　片栗粉 … 大さじ1と1/3
B　卵黄 … 1/3個
　　冷水 … 200cc
大根おろし … 適量
天つゆ（P172参照）… 適量
揚げ油 … 適量

〈作り方〉

① 海老は第1関節と尾を残し、殻と背ワタを取り除き、塩と片栗粉少々（ともに分量外）でもんで水洗いする。尾先を切り揃え、腹部と側面に包丁で切り込みを入れ、手で押さえるようにしてのばし、冷蔵庫で冷やしておく。
② 野菜は綺麗に洗って水分を拭き取り、適当な大きさに切って冷蔵庫で冷やしておく。
③ Aは合わせ、ふるってボウルに入れる。Bは別容器に入れて混ぜ、卵冷水を作る。それぞれ冷蔵庫に入れて冷やしておく。
④ AにBを入れ、所々粉が残るように軽く混ぜて衣を作る。
⑤ 海老と野菜に薄力粉をふり、余分な粉ははたき落として④の衣をつける。
⑥ 180度の油にそれぞれが触れ合わないように入れ、浮いてきたら海老や野菜の上に箸で衣をふり入れる。
⑦ 衣がしっかりしてきたら返し、色がつかないように揚げる。
⑧ 器に盛り、大根おろしと熱くした天つゆを添える。

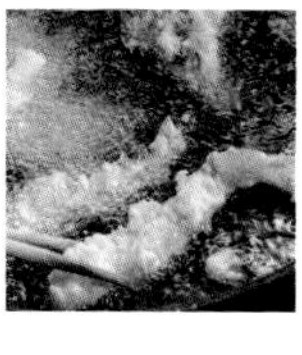

※上手に揚げるには、油の温度を一定に保つ事が大切になります。温度設定ができるコンロをご使用の場合は活用して下さい。揚げる直前まで、全ての材料は冷蔵庫で冷たくしておきましょう。

ご飯物

　お米が主体となるお料理はいろいろとあります。なかでもその土地によって特徴があるのは「寿司」ではないでしょうか。京都で親しまれているお寿司といえば、鯖寿司等の「棒寿司」や「ばら寿司」です。ばら寿司とは、ちらし寿司のように生魚はのせず、寿司飯にじゃこや高野豆腐等を混ぜ、椎茸の甘煮や錦糸卵等を散らしたお寿司をいいます。いずれも寿司飯は江戸前寿司よりも甘く、酢と砂糖を同量程入れるのが京風です。
　教室では寿司飯を用いた手まり寿司（写真A）やいなり寿司の他、その季節ならではの素材をご飯と一緒に炊き込む「炊き込みご飯」もよく教えています。筍、豆、新生姜、栗、松茸……。高価な食材を使う事もありますが、家族みんなで季節感を共有でき、冷凍保存も可能な炊き込みご飯は、教室の皆さんにも好評です。

〈さまざまなご飯物〉

炊き込みご飯

季節の具材を米と一緒に炊き上げたもの。醤油とだしを用いるものに筍ご飯や蛸ご飯、細かくした野菜や油揚げを炊き込むかやくご飯（写真B）等があり、塩と昆布だしを用いるものに桜ご飯（写真C）や豆ご飯、小芋ご飯等がある。

混ぜご飯

ご飯に調味した具材を混ぜたもの。ひつまぶし等。

寿司

寿司飯を用いたもの。京都では、蒸して仕上げる「蒸し寿司」（写真左頁）もよく知られている。

飯蒸し

餅米を蒸す「白蒸し」、白蒸しに栗や銀杏等を入れて蒸す「おこわ」（写真D）、小豆の赤色で餅米を色づけし小豆とともに蒸す「赤飯」等がある。

……他にも、ご飯に具材をのせる「丼ぶり」、調味した煮汁に具材とご飯を入れて炊く「雑炊」や「おじや」、ご飯にお茶をかけていただく「茶漬け」（写真E）等がある。

A 手まり寿司

B かやくご飯

C 桜ご飯

D 栗飯蒸し（栗おこわ）

E ぶぶあられのお茶漬け

ワンポイントレッスン　寿司飯の作り方

〈材料〉

米 … 3合
酒 … 大さじ2
昆布 … 4〜5cm 1枚
A　酢 … 70cc
　　砂糖 … 40g
　　塩 … 8g

※炊飯釜に寿司飯ラインがない場合は、いつもより少ない水加減（米の1.1倍の水分量）にして炊いて下さい。

〈作り方〉

① ボウルにAを入れ、砂糖がすっかり溶けるまで綺麗に混ぜ、合わせ酢を作る。
② 米は洗って炊飯釜に入れ、酒を入れて寿司飯ラインまで水を足し、昆布を差し込んで炊く。
③ 寿司桶に酢少々（分量外）を塗っておき、炊き立てのご飯を移してすぐに①の合わせ酢をまわしかけ、練らないように混ぜ合わせる。うちわで仰いで余分な水分を飛ばし、冷ます。
④ 粗熱が取れたらひとかたまりにし、ぬれ布巾をかけて蒸らし味をなじませる（具材を加える場合は、粗熱が取れてから冷めないうちに混ぜ入れる）。

蒸し寿司

〈材料〉4人分
米 … 2合
昆布 … 3～4cm角1枚
酒 … 大さじ1
A │ 酢 … 46g
　 │ 砂糖 … 27g
　 │ 塩 … 5g
焼き穴子（小）… 2尾
白炒り胡麻 … 大さじ2
卵 … 3個
塩 … 少々
椎茸艶煮（P162参照）
… 4個
絹さや … 適量
サラダ油 … 少々

〈作り方〉
① 穴子は1cm幅の飾り用を8切れ取りおき、残りは混ぜ込み用に粗く刻む。
② 米、昆布、酒、Aで寿司飯を作る（右頁「寿司飯の作り方」①～③参照）。
③ ②の寿司飯の粗熱が取れたら、①の刻んだ穴子と白胡麻を混ぜ合わせ、1か所にまとめてかた絞りの布巾をかけて休ませる。
④ ボウルに卵を割り、泡立てないように溶きほぐしたら塩を混ぜる。
⑤ 熱した卵焼き器に薄く油をひいて④を流し入れて焼き、薄焼き卵を6～7枚作る。なるべく細くせん切りにして錦糸卵を作る。
⑥ ③の寿司飯を耐熱の器に入れて上一面に金糸卵を敷き、穴子、煮椎茸、絹さやを散らして、蓋かラップをして10分蒸す。

※温め直すと酢の風味が飛んでしまうので、何度も蒸すのはおすすめできません。必要分だけ蒸して温かいうちにいただきましょう。

甘味

お料理屋さんでの甘味というと、以前は果物を数種類合わせたものが主流でしたが、近頃はシャーベットやわらび餅、葛餅、さらに抹茶とともに手作りの和菓子（季節の練り切りやきんとん）が出てくる事もあります。お料理をいただいた後の甘いものは美味しく、いつも頬がゆるみます。

家庭でも、食後のデザートに限らず、お客様を迎える時の一品に、お茶のおともに、甘いものを楽しむ場面は多く、その季節に合ったものをいただけば心がほっと和みます。和菓子屋さん等が多い京都をはじめ、昨今は身近に美味しい和菓子がいろいろと手に入りますが、時には自分で作り、でき立てを味わってみてはいかがでしょう。とは言え、本格的な和菓子を作ろうと思うと、なかなか手間がかかるものです。教室では果物を使った甘味（写真A）をはじめ、葛や寒天で作る葛切り（写真B）や水ようかん（写真C）、みつ豆（写真D）等、手軽に作れる和のおやつを中心に教えています。

さまざまな素材に合わせられる「粒あん」の炊き方を覚えておくのもおすすめです。時間はかかりますが、手作りなら甘さもお好みで調整でき、密封して冷凍しておけば一〜二か月保存できます。ぬれ納豆をまぶしてかのこ（写真E）に、水でのばしておぜんざい（写真F）に、白玉団子に添えるのも良いでしょう。その時々のアレンジで楽しんでみて下さい。

A いちじく甲州煮

B 葛切り

C 水ようかん

D みつ豆

E かのこ

F ぜんざい

ワンポイントレッスン　粒あんの炊き方

〈材料〉作りやすい分量
小豆 … 300g
砂糖 … 300〜400g
塩 … 少々

※でき上がりの量は900〜1000gです。

〈作り方〉
① 小豆は綺麗に洗い、鍋に入れる。
② 火にかけ沸騰すれば水約200ccを入れ、弱火にしてしばらく煮る。
③ ザルに上げて湯を捨て、鍋に戻してたっぷりの水を入れ火にかける。
④ 沸いてきたら弱火にして落とし蓋をし、少しずらして蓋をする。こまめにアクを取り、常に小豆の2〜3cm上に水分があるように湯を足しながら、やわらかくなるまで煮る（指でつまんでつぶれるくらい）。
⑤ 火を止め、蓋をして30分蒸らす。
⑥ 上水を静かに捨てた後、ザルにペーパーを敷いて小豆を上げる。
⑦ しっかり水分が切れたら鍋に戻し、砂糖を混ぜる。塩も入れて火にかけ、練り煮する。
⑧ 程良いかたさに煮詰まれば、バットに広げて冷ます。

ほうじ茶煮こごり

〈材料〉4～5人分
ほうじ茶（茶葉）… 20g
板ゼラチン … 10g
グラニュー糖 … 65g
芋焼酎 … 30cc
レモン汁 … 小さじ1と1/3
ぶどう … 適量
※容器 12×18㎝

〈作り方〉

① 板ゼラチンは水に浸け、ふやかしておく。
② 鍋に水400ccを入れて火にかけ、沸いてきたらほうじ茶を入れて1分煮出し、漉して別鍋に入れる。
③ ②にグラニュー糖を入れて火にかけ、グラニュー糖が溶けたら火からおろして粗熱を取り、冷めないうちに芋焼酎と水気を絞ったゼラチン入れ、綺麗に溶かし混ぜる。
④ レモン汁を加えて混ぜ、バット等の容器に流し入れて冷蔵庫で冷やし固める。
⑤ 食べやすい大きさに切って器に盛り、ぶどうを飾る。

※芋焼酎を少し入れると大人の味わいになります。グラニュー糖の量を減らして作り、黒蜜ときな粉をかけても美味しいです。

第二章 四季折々の暮らしと料理

祭りや行事と深く関わっている京の暮らしと料理。京都に生まれ育った私の視点で、幼い頃の思い出も織りまぜながらお伝えしていきます。季節の素材ごとにレシピも三品ずつ紹介します。

春の暮らしと料理

—京のおまんやさん—

京都のお菓子屋さんには、お茶席用の生菓子やお干菓子を扱う「上菓子屋」と、行事に関わるおまんじゅうやお餅、お赤飯を扱う「おまんじゅう屋」があります。おまんじゅう屋さんは、京都では「おまんやさん」や「お餅屋さん」とも呼ばれ、家族で営む店が多く、昔は町の至る所に点在していました。今は後継者問題等で随分と少なくなったように思います。

私の生家もこの〝おまんや〟です。若い頃からまんじゅう職人で生きてきた父は、京都の町のしきたりや行事を知り尽くしていました。おまんじゅう屋さんが今より人々の暮らしに深く関わっていた時代でしたので、お得意様の家庭事情等もよく把握、精通し、まさに生き字引きのような人でした。

当時忙しい時等は、子どもといえども店番、配達、夜の片づけ等いろいろと手伝い、父母と過ごす時間も多く、日々の生活のなかで京都の季節行事にも自然と触れながら育ちました。その時々に、物知りの父がしゃべっていた事を父っ子だった私が興味深く聞き、今も覚えている話がたくさんあります。結婚後、特に料理教室を始めてからは、父に尋ねる事も多くなり、幼い頃に何となく聞いていた話の糸がどんどんつながっていきました。

京都の歴史や暮らしの上にでき上がってきた、数々のお料理。私も父から教えてもらった京都のさまざまな事を、お料理を通して次世代に伝えていけたらと思っています。

—雛祭—

寒さのなかにもひと時の春を感じる「雛祭」。三月三日は「桃の節句」とも呼ばれ、雛人形や桃の花を飾って女子の成長をお祝いします。子どもの頃、家業に忙しいなか、母が私たち三姉妹それぞれのお友達を招いてくれた事がありました。商売柄、お盆にお団子を積み上げて、「たくさん食べてや」と二階のお雛さんが飾られた部屋に持って来てくれた事は、私のう

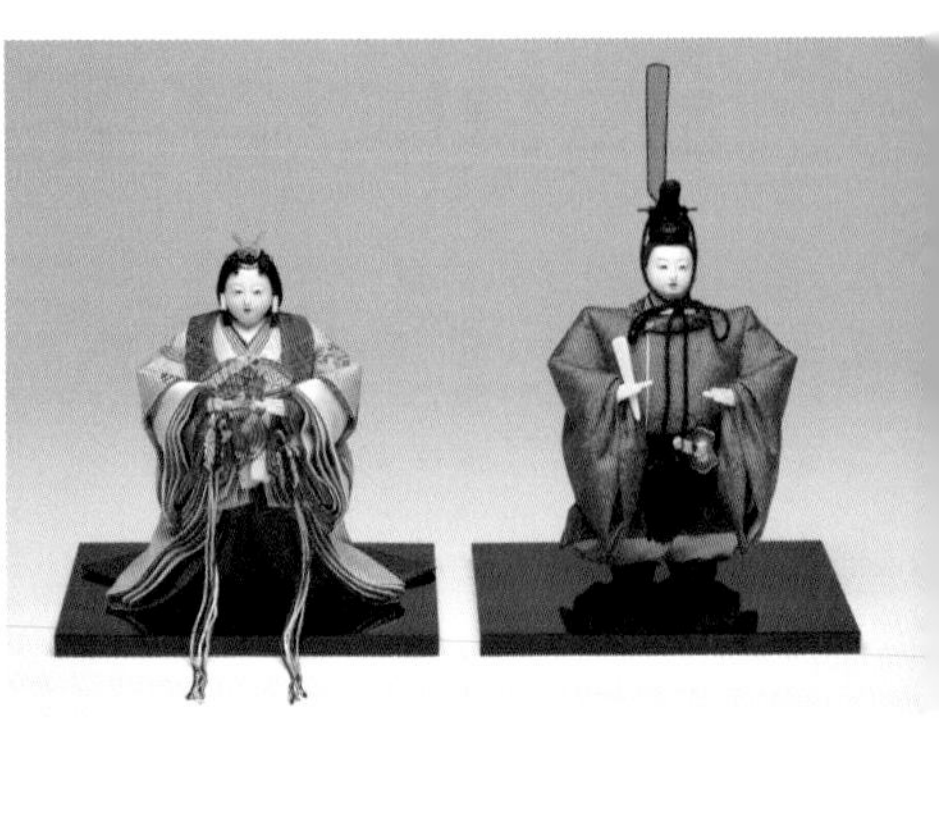

写真右：最上段に飾る内裏雛《だいりびな》は、京都では向かって右に男雛、左に女雛を飾ります。写真左：「身しじみの生姜煮」（レシピ P160）。ゆがきしじみを手に入れて、作ってみて下さい。

葵橋からの眺め。あでやかで慎ましく、そして内に秘めた強さ……。
「京女」を思わせる桜が私は大好きです。

れしかった思い出の一つです。

私にも娘が生まれ、毎年雛飾りをして「ばら寿司」や「身しじみの炊いたん」を作り、「あかりをつけましょ、ぼんぼりに……」と歌い、祝ったものです。雛祭が終わると、「お雛さんを早く片づけなければこの娘たちがお嫁に行けなくなる」と、母と祖母に急《せ》かされましたが、そんな娘たちもだいぶ前に嫁いでいきました。今では孫娘のために飾っています。

― 賀茂《かも》川《がわ》の桜 ―

京都には桜の名所がたくさんありますが、賀茂川沿いに咲く桜も見事です。私のお気に入りは、賀茂川にかかる葵橋から望む、北山を背景にした景色。かつては毎年欠かさず主人とともに犬を連れて出かけ、橋の上でしばらく見入っていました。

桜の頃は、出会いと別れの季節でもあります。ご家族の転勤等で生徒さんが教室を辞められる時、「会うは別れの始めとは……」と歌って送り出します。別れはさみしいですが、「習ったお料理を引っ越し先でふるまったら喜ばれました」等のお便りをいただくと、遠い地にも京都のお料理が広まっていくのだとうれしくなります。

― 春のおまんじゅうと松花堂弁当 ―

四月一日から祇園甲部の芸舞妓さんの舞踊公演「都をどり」が始まり、「ヨーイヤサー」の掛け声とともに踊りの幕が次々と開きます。この季節になると、私の生家をは

春らしいおまんじゅう。右から草餅、花見団子、桜餅（レシピ P160）。

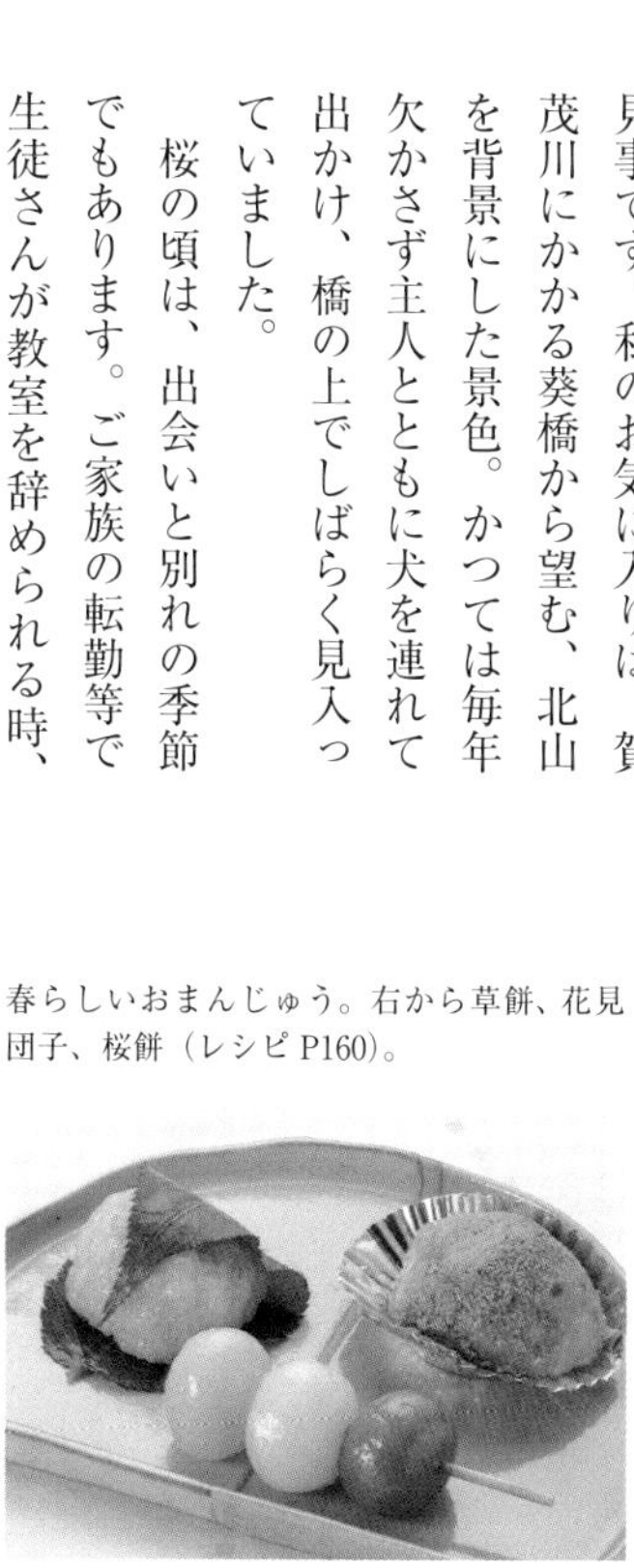

この時期に教室でよく教えている、松花堂弁当と煮物碗。江戸時代の僧侶「松花堂昭乗《しょうかどうしょうじょう》」が愛用していた箱に、後世の料理人が茶懐石の料理を盛りつけた事が、松花堂弁当の始まりと伝わります。

じめ町のおまんじゅう屋さんは大忙し。店頭には桜餅や花見団子、よもぎ餅等、春らしいおまんじゅうが色とりどりに並びます。

お料理屋さんで「松花堂弁当」をよく見かけるのもこの時期です。松花堂弁当は料理をコースで順番に出すのではなく、田の字の仕切りがある箱に盛り合わせるとても豪華なお弁当です。炊き合わせや焼き物等季節の料理が彩るお弁当は、京風情も存分に楽しめます。花見や都をどりの余韻に浸りながらいただくにはぴったりですね。

― 松ヶ崎の菜の花漬け ―

「菜の花」は種子から油が採れるアブラナ科の植物の花の総称で、最盛期は一～三月です。購入時は花が咲いていないものを選び、保存の際は光を当てないように冷暗所に置き、できるだけ早く使い切りましょう。ゆがく際は短い時間で塩茹でにし、冷水にさらして色止めと進行止めをして下さい。

写真上：京都産の菜の花は花菜《はなな》と呼ばれ、主につぼみと若茎を食べる油菜（和種）で、茎部の丈が短く葉には縮みがあり、やわらかくほろ苦いのが特徴です。写真下：「菜の花と生湯葉の辛子胡麻浸し」（レシピ P160）。生湯葉に限らず、干し湯葉を用いても良いです。

写真右：塚原で採れる筍は出まわる期間が4月初めから5月連休明けまでと短く、「白子」と呼ばれ人気が高いです。
写真左：先が地上に出ていない筍を勘と経験から見極め、熟練の技で掘り起こしていく塚原の筍農家さん。

　京都で親しまれているお漬け物に、洛北の地・松ヶ崎の「菜の花漬け」があります（松ヶ崎の菜の花の最盛期は四月だそうです）。荒漬け（塩漬け）後にぬか袋で押して漬ける、いわゆるぬか漬けなので、浅漬けのように青々としているわけではなく、発酵特有のコクと酸味、香りが特徴です。昔は松ケ崎一帯が菜の花畑だったそうで、「菜漬け（はなづけ）」と呼ばれ、個々が自宅用に漬けていました。松ヶ崎にたくさんの知人がいた義父は、いろいろなお宅の菜漬けをいただいていました。それぞれの漬け加減、塩加減があるとの事で、毎年、その時期を楽しみにしていたようです。現在はこの地域に地下鉄が通り、風景も随分変わりました。菜の花畑も菜漬けを漬ける家庭も、もう数軒しかないようです。

―塚原の筍―

　春にはたくさんの美味しい食材が出まわります。そのなかでも、私が特にこだわっているのが、洛西で採れる「塚原の筍」です。京都市西京区にある大枝塚原町一帯で育てられたもので、真白でやわらかく甘みがあり、筍のなかでも最高級品として知られています。

　私は毎年、決まった筍栽培農家さんに買いに行きます。冬は藁を敷いた上に土をかぶせ、春は掘り起こして穴があいた部分に穴肥《あなごえ》を施す等、手間をかけられているので、「塚原の筍はアクやえぐみが少ないから、糠《ぬか》や鷹の爪は要らないよ」と、自信を持ってすすめて下さいます。

　筍を手に入れたら一刻も早くゆがき、若竹煮や木の芽和え、筍ご飯を作り、至福の時を過ごします。

筍の茹で方（中2～3本）

① 筍は皮つきのまま洗い、先端を斜めに切り落とす。切り口から中身にキズがつかない程度の深さで縦6～7cmの切り込みを入れる。
② 大きい鍋に筍が浮かぶくらいのたっぷりの水と米糠（ひとにぎり）、鷹の爪（2本）を入れて落とし蓋をし、沸騰後弱火にして時々位置を替え、根元に竹串がすっと通るまで茹でる。
③ 火を止め、すっかり冷めるまでそのままおく。
④ 茹で汁から取り出して皮を数枚むき、下のポツポツした表面をそぎ取り、糠が取れるまで綺麗に洗う。

筍の保存方法

保存容器等に入れ、たっぷりの水に浸けて冷蔵庫で保存する（水は毎日替える）。
※1週間程保存可能（水が冷たく透き通っている状態を保つ）。

― 大将人形・菖蒲湯 ―

五月五日は「端午の節句」。我が家には昔から伝わる二体の大将人形があります。一体は義祖父が産まれた「明治二十一年」、もう一体は義祖父に長男が産まれた「明治四十五年」と箱に記されています。侍従がつき、他にも紋の入った提灯等、お道具がたくさんあります。

京都では大将人形や雛人形は母方の実家が孫のために買い求める事も多かったようです。息子がいない我が家には子どものための大将人形はありませんが、ご先祖様より主人が受け継いだこの二体の大将人形は、いつも主人自らが大切に出して飾ってくれていました。

五月五日は菖蒲湯に入る日でもあります。薬草としても親しまれている菖蒲には厄除けの意味もあり、子どもの頃はお花屋さんが届けてくれる菖蒲とよもぎをくくったものを、母が湯舟に浮かべていました。幼い私には意味が分からず、何でこんな草を浮かべるのだろうと不思議に思っていました。大きくなって由来を知ってからは、菖蒲湯に入るといつも、その香りに包まれるだけで厄払いができた気持ちになります。

― かしわ餅 ―

大将人形の時は、お雛様のようにその時食べる決まったお料理はありません。お供はかしわ餅とちまきです。かしわ餅の「柏の葉」は特別な葉で、新芽が出てから古い葉が落ちるという特徴があり、「家系が絶えない」、「子孫繁栄」に結びつく事から飾るのだそうです。

かしわ餅のあんには、こしあん、粒あん、味噌あんがあり、お店によって葉の裏表や餅の色で中身のあんの種類が分かるようにしてあるようです。白あんに白味噌を練り込んだ味噌あんは、京都で親しまれているあんの一つで、ほんのりと白味噌の風味が広がり独特の美味しさがあります。

我が家で代々受け継いできた大将人形。毎年このように、お飾りの馬や虎等も一緒に飾ります。京都では大将人形の事を「大将さん」と呼ぶ方も多いですね。

― 春の祭・御霊《ごりょう》さん ―

京の春のお祭は今宮神社の「やすらい祭」（四月第二日曜）から始まり、上御霊神社の「御霊祭」（五月一～十八日）、上賀茂神社・下鴨神社の「賀茂祭（葵祭）」（五月三～十五日）と続きます。

五月十八日は実家の氏神さんにあたる上御霊神社の還幸祭。地元の人が「御霊さんの祭り」と親しみを込めて呼ぶこのお祭りは、古くは八六三年から行われている日本最古の御霊会《ごりょうえ》です。御霊さんの範囲は広く、行列は四コースある順路のうち毎年一つを巡る事に

御霊祭で行われる京都御所朔平門前の神輿巡行。写真は神輿の一つ「小山郷」。

なっています。正午過ぎになると、剣鉾を先頭に参列者が境内を出発し、五〜六時間かけて帰ってきます。幼い頃、私もお稚児《ちご》さんで参列しましたが、白塗りのお化粧をされるのが嫌だった記憶があります。お稚児さんになるのは、だいたいが小学校低学年の子ですが、道のりが長く全行程は歩けないため、時々人力車に揺られていました。今は人力車の代わりに、車に乗って移動しているようです。

神輿は三基あり、「ホイット、ホイット」等の掛け声をかけながら地域を練り歩きます。夕方には京都御苑に到着、御所の北にある朔平《さくへい》門前で差し上げ等を行った後、帰還し拝殿に上げられます。拝殿上げの光景は、それはそれは壮観で、何度見ても胸の熱くなる瞬間です。

父は生前、神輿の一つにちなんだ「小山郷」という名の蕎麦まんじゅうを作り、販売していました。お祭りを通して地域に根づき、いろいろな人たちと交流し協力していたのでしょう。人との関わり合いが希薄になった昨今、御霊さんのお祭りは、私に連帯の絆を思い出させてくれる行事でもあります。

御霊さんのお祭りでお稚児さんをつとめた、幼い頃の私。当時は一人ずつに日傘をさしてくれるお手伝いの人「おんば日傘」がついてくれました。

―庭の葵―

四～五月になると、家の庭の日陰一帯にある「双葉葵」の葉が大きくなります。冬の間は枯れているように見えますが、三月くらいになると新芽が出始め、葵祭の頃いっぱいになります。双葉葵は賀茂社（上賀茂神社・下鴨神社）のご神紋で、昔は「あふひ」と書き、「あふ」は会う、「ひ」は「神様のお力」を示し、いわゆる神様の大きな力に出会う植物と伝えられてきました。双葉というように茎からハート形の葉が二つ分かれてつき、その葉柄の基部から楚々とした赤紫の釣鐘状の小さな花が首を垂れたように下を向いて咲きます。

昔は下鴨の家々に生えていたそうですが、父からは「双葉葵は土地を選ぶのでなかなか育てるのが難しい」と聞いた事があります。「この紋所《もんどころ》が目にはいらぬか！」でおなじみの、黄門様の三つ葉葵は架空の植物ですが、双葉葵がモチーフになっているそうです。

自宅の庭で大切に育てている双葉葵。

―社家《しゃけ》（鴨脚家《いちょうけ》）―

ある神社の神職を世襲的に奉仕する家筋は社家と呼ばれ、下鴨神社の社家の一つに「鴨脚家」があります。鴨脚は、カモの足跡がイチョウの葉に似ているところから「いちょう」と読みます。かつて下鴨神社周辺に社家町が形成されていましたが、下鴨本通の開通で多くの社家が退去し、現存するのはこの鴨脚家を含め数軒だけ。私の主人もその子孫です。

―賀茂祭（葵祭）―

京都三大祭の一つである葵祭は、我が国最古のお祭です。上賀茂神社と下鴨神社の例祭で、欽明天皇の時代に流行った飢饉疫病が賀茂神の祟りと知って祭礼を行ったところ、五穀豊穣が叶った事から祭りが始まったと伝わります。応仁の乱によりお祭りが絶えていた時代でも、葵・桂が宮中や公家の邸に飾られていたため、「葵祭」といわれるようになったそうです。

五月十五日までにいろいろな儀式が行われますが、家が近いという事もあり毎年欠かさず観覧するのは、下鴨神社参道に平行した馬場で行われる、五月三日の「流鏑馬《やぶさめ》神事」です。馬を走らせながら馬上から矢を三カ所の的に次々と射る勇壮な神事で、矢が的を射ると歓声と拍手が起こります。昔は見物するのは地元の人ばかりで、私も主人に「お父さん、もうじき走らはる（走る）からそろそろ行こか」等と悠長な事を言っていました。今は観光客もたくさん来られ、走る直前に出かけていてはとても見られません。

五日に上賀茂神社で行われる「賀茂競馬会《かもくらべうまえ》神事」も、馬場を馬が駆け抜ける、とても迫力のある神事です。

鴨脚家からいただいた磁器の菓子器、ギヤマンのグラスと漆器箱。お客様がいらした時等にお料理を盛り、今も大事に使わせてもらっています。

葵祭最終日に行われる「路頭の儀」のさまざまな場面。写真上：藤や杜若《かきつばた》等の花で飾られた「御所車」。大きな車輪が軋む牛車の引き綱を、紅の狩衣姿の牛童が持ち進みます。写真下右：大きな傘に布を張り花を飾りつけた「風流傘」も華やかで目を引きます。写真下左：騎女（むなのりおんな）は斎王つきの巫女で、騎馬で参向します。

そして最終日の十五日は、王朝風俗の行列が京都御所から下鴨神社を経て上賀茂神社まで練り歩き（「路頭《ろとう》の儀」）、多くの見物客で賑わいます。私のお気に入りは、糺《ただす》の森の新緑のなかをメインの斎王代が進む場面。腰輿《およよ》に担がれ、〝ゆろり、ゆろり〟。「いやあ、綺麗やわぁ」の声がこだまします。

この行列が下鴨神社境内の奥へ進み行われる「社頭《しゃとう》の儀（御祭文を奏上する儀式）」も、まるで絵巻物の世界。何とも言えない風雅なひと時を味わえます。

私は下鴨神社の近くで長年暮らしてきたので、教室でも葵祭のお話は下鴨の社家や葵の事とともにお伝えしています。ここでも一連で紹介しましたが、開催される順番でいうと、葵祭の最終日の後にP42~43で紹介した御霊さんの還幸祭が行われます。

伝統行事がいろいろと催される五月。一年のなかでも過ごしやすく、ひときわ古都の風情を感じられる季節です。

貝類《かいるい》

　貝類には多くの種類がありますが、家庭では蛤《はまぐり》、あさり、帆立等がおなじみです。それぞれの貝により処理方法は随分違います。蛤やあさりは砂抜き後、用いる前に貝と貝をこすり合わせながらよく洗い、ずっと半開きのものや貝同士を打ちつけて鈍い音がするものは除いて下さい（本来は金属音のような澄んだ音がする）。一個でも悪い貝があると料理を全部廃棄しなければならないので、自信のある貝とそうでない貝を分け、別々に火を入れましょう。

　手軽でおすすめの調理法は、美味しい汁ごと味わえる酒蒸しや潮汁です。蛤は網焼きも美味しく、開く反動で汁がこぼれないように、蝶番（殻の結び目の黒い出っ張り）を切り落とし、アルミ箔でドーナツ形の土台を作って蛤を固定して焼くと良いでしょう。

貝柱・菜の花のおろし梅肉添え

〈材料〉４人分

生食用帆立貝柱 … 4個　　大根 … 5cm
菜の花 … 1/3束　　淡口醤油 … 小さじ2
梅干し … 大1個　　塩 … 少々

〈作り方〉

① 梅干しは種を取り、軽くつぶして包丁でたたく。
② 大根は皮をむいておろし、ザルに上げて水分を軽く絞り、①の梅肉、淡口醤油を混ぜる。
③ 菜の花は茎の切り口を少し切り落とし、塩熱湯で茹でて冷水に取り色止めをする。冷めれば水分をしっかり絞って2cmくらいに切る。
④ 貝柱は軽く塩をふり、表面をバーナーで炙って半分に切る。
⑤ 器に貝柱と菜の花を盛り、②の梅肉おろしを添える。

※熱湯にくぐらせて急冷し、表面を熱凝固させる事でうま味を閉じ込める方法を「霜降り」といいます。今回のように、焼く事により表面を熱凝固させる「焼き霜降り」にすると、香ばしさも加わりより美味しくなります。

あさりの酒蒸し

〈材料〉４人分

あさり … 大20個　　あさつき … 適量
A｜煮切り酒 … 100cc　　塩・淡口醤油 … 各適量
　｜昆布だし … 200cc

〈作り方〉

① あさつきは小口より細かく切る。
② あさりは重ならないようにバットに並べ、かぶるくらいの3%塩水を入れ、覆いをして冷暗所に数時間おいて砂を吐かせる。
③ 貝と貝をこすり合わせ、表面の汚れを取りながら洗い流し、割れているもの、死んでいるものは取り除く。
④ 鍋にAとあさりを入れる。
⑤ 蓋をして鍋をふりながら強火にかけ、時々蓋を外して口が開いたあさりを取り出す。
⑥ あさりを全て取り出したら、残った汁をペーパー等で漉して鍋に戻し、塩と淡口醤油を入れる。
⑦ あさりを⑥の鍋に戻して火にかけ、温まったら器に盛り①のあさつきを散らす。

※あさりは口が開いてから火を入れ続けると身が縮みかたくなります。口が開いた順に取り出して下さい。

煮物椀（蛤）

〈材料〉4人分

蛤 … 8個

A ｜ 煮切り酒 … 150cc
　 ｜ 水 … 100cc

昆布だし … 500cc

塩 … 少々

淡口醤油 … 少々

茹で紅白結び根菜 … 4個

木の芽 … 適量

〈作り方〉

① 蛤は3%塩水に浸け、覆いをして冷暗所に数時間おいて砂を吐かせる。

② 1個ずつ流水で綺麗に洗って鍋に並べ、Aを入れて蓋をする。

③ 火にかけて口が開いたものからボウルに取り出して身を外し、貝殻は綺麗なものを4個取っておく。煮汁も取っておく。

④ 粗熱が取れた③の煮汁で身を洗って砂を落とし、足部分に切り目を入れる。

⑤ 煮汁はペーパー等で漉して昆布だしと合わせ、火にかけ沸いたら塩と淡口醤油で調味する。

⑥ 椀に貝殻を広げておき、両側に蛤の身を盛って木の芽と根菜をのせる。

⑦ ⑤の汁を熱くして、⑥の椀に注ぐ。

※蛤の身が大きい場合は足の部分がかたいので、切り目を入れておくと良いでしょう。お正月等、おめでた事におすすめの煮物椀です。貝は冷たい液体に入れて加熱すると汁にうま味がよく出ます。身にうま味を残したい時や冷凍したものは、沸かした液体等熱い中に入れて加熱して下さい。

山菜《さんさい》・木《き》の芽《め》

野山に自生している植物を採取し、野菜として利用するものを「山菜」といいます。毎年桜が咲き終わる頃が多くの山菜の最盛期のようで、私は桜前線のすぐ後を「山菜前線」が北上すると覚えています。一般には畑やハウスで栽培されたものが販売されています。

生のぜんまいやわらびは、重曹を入れた熱湯に浸しアクを抜いてから（水煮はさっとゆがいてから）煮物に、アクの少ないたらの芽やこごみは、天ぷらがおすすめです。

木の芽は山椒の若葉。香り高く料理の名脇役で、煮物椀の仕上げに添えたり、刻んで筍や魚に散らしたりします。初夏、山椒の実が出る少し前に山椒の花が出まわりますが、期間が短くなかなかお目にかかれません。これを炊いた「花山椒の佃煮（P52筍木の芽焼き参照）」は珍味で高価なものです。

ぜんまいとお揚げの煮物

〈材料〉作りやすい分量

ぜんまい（水煮）… 150g
油揚げ … 1/2枚（75g）
サラダ油 … 適量
胡麻油 … 少々
木の芽 … 適量

A
砂糖 … 大さじ1
酒 … 大さじ3
みりん … 大さじ1
だし用削り節 … 1パック（7g）

B
淡口醤油 … 大さじ1強
濃口醤油 … 大さじ1/2

〈作り方〉

① ぜんまいは洗って熱湯でさっと茹で、水分を切って3cm長さに切る。
② 油揚げは熱湯で30秒程茹でて油抜きし、水分を軽く絞って3×0.5cmに切る。
③ 鍋にサラダ油、胡麻油を入れて火にかけ、ぜんまいを入れて強火で1分程炒める。
④ 油揚げを入れてさっと炒め、水300ccを入れる。
⑤ 沸いてきたら少し火を落としてAを入れ、5分程経てばBを入れる。
⑥ さらに弱火で5分程煮たら、だしパックを取り除き、中火にして煮汁が少なくなるまで煮る。
⑦ 器に盛り、木の芽を添える。

※醤油を加えた後に弱火でコトコト炊くと、美味しく仕上がります。今回は手に入りやすい水煮を使っています。

山菜の天ぷら

〈材料〉4人分

たらの芽・蕗のとう・こごみ … 各8個
塩 … 適量
薄力粉 … 適量

A
薄力粉 … 50g
片栗粉 … 大さじ1弱

揚げ油 … 適量

〈作り方〉

① 山菜は綺麗に水洗いして水分をしっかり拭き取る。
② たらの芽はハカマをむいて端を切り落とし、十字に切り込みを入れる。蕗のとうは根元を切り落として十字の切り込みを入れる。こごみは根元のかたい部分を切り落とす。
③ 山菜に薄力粉をふり、余分な粉をはたき落とす。
④ Aを混ぜ合わせたら冷水100ccを入れ、軽く混ぜて衣を作る。
⑤ ③の山菜に④の衣をつけて160～170度の油に入れ、箸で掴んでしっかりするまで触らずゆっくり揚げ、静かに返して全体がパリッとすれば油より上げる。
⑥ 塩をふり、天紙を敷いた器に盛る。

※山菜のほろ苦さを楽しみたいので、私は衣に卵は入れません。衣を薄くつける事がポイントです。

生マスの木の芽焼き

〈材料〉4人分

生マス切り身(80g)…4切れ
木の芽…適量
塩…少々
照り焼きダレ
(P172参照)…大さじ3

〈作り方〉

① 木の芽は洗って水分をしっかり拭き取り、乾いたまな板を使って粗く刻む。
② マスは両面に塩をふってしばらくおき、出てきた水分を拭き取る。
③ バットにタレを入れてマスを並べ、時々裏表を返しながら20～30分浸ける。
④ 身が上になるように片褄に串を打ち(P28参照)、オーブンまたはグリルで焦がさないように両面を焼く。
⑤ 焼き上がれば、刷毛でタレ少々(分量外)を塗ってオーブンまたはグリルに入れ、軽く炙る。
⑥ 熱いうちに串を回して抜き取り、タレ少々(分量外)を塗って木の芽を散らし、器に盛る。

※この時期に獲れる高級魚、サクラマスを木の芽焼きにしました。鯛等でも美味しく、サーモンを代用すれば色も鮮やかです。

鯛《たい》

桜の頃、産卵のために内湾の浅瀬に集まり漁獲された真鯛を「桜鯛」といい、秋の旬のものを「紅葉鯛」と呼びます。「蝦《えび》で鯛を釣る」、「腐っても鯛」等の言葉があるように魚の王様といわれ、「おめでたい」にちなんだ縁起物でお祝い事にも欠かせない魚です。

鯛はお造り、焼き物、蒸し物、煮物と何にしても美味しく、教室でもよく使います。骨がかたくおろすのは難しいので、お魚屋さんに頼む事をおすすめします。三枚におろした後に腹骨と血合骨を取ってもらい、松皮造り以外のお造り用は皮を引いて上身にしてもらって下さい。頭と中骨は切り分けてもらいましょう。

鯛のアラ炊きは、魚の煮つけの基本です。皮目は濃いべっ甲色、中身は真っ白でやわらかい身に仕上げるのが理想です。

鯛酒蒸し煮

〈材料〉4人分

鯛身 … 40g×4切れ	豆腐 … 3cm角×4個
塩 … 適量	椎茸 … 4個
酒 … 100cc	青紅葉麩 … 1cm×4切れ
だし … 400cc	茹で菊菜・すだち … 適量
淡口醤油… 少々	昆布 … 2cm角4枚

〈作り方〉

① 鯛は塩少々をふってしばらくおき、水分を拭き取って再度塩少々をふって20～30分おく。

② 水分を拭き取って酒大さじ1(分量外)をかけ、皮に塩少々をふりグリルで皮目をこんがり焼く。返して身も焼き、脂をペーパー等で拭き取る。

③ 鍋に酒を入れて沸いたら火を止め、焼き立ての鯛を入れて浸けておく。

④ 別鍋にだしを入れて火にかけ、沸いたら③の汁、淡口醤油、塩少々を入れて味を調える。

⑤ 椎茸は石突きを除き、笠の部分に飾り切りを入れる。菊菜は水分を絞って3cm長さに切る。

⑥ 4つの器にそれぞれ昆布を敷き、鯛、豆腐、椎茸、菊菜、青紅葉麩を並べ、酒大さじ1(分量外)ずつをかけて蓋をし、蒸気が上がった蒸し器で10分蒸す。④のだしを熱くして注ぎ、再度2～3分蒸してすだちを搾る。

鯛ご飯

〈材料〉4人分

米 … 2合	A	昆布だし… 550cc
鯛アラ(頭・骨等)… 350g		酒 … 大さじ3
炒り胡麻・木の芽 … 適量	B	濃口醤油 … 適量
飾り用の焼き鯛身… 適量		みりん … 適量
塩 … 適量		塩 … 少々

〈作り方〉

① 鯛アラは綺麗に洗って多めの塩をふり、30分おく。出てきた水分と残った血合いはブラシ等を使って綺麗に洗い流し、水分を拭き取る。

② 軽く塩をふってオーブン(180度・30～40分)で色良く焼き、脂をペーパー等で押さえ取る。

③ 鍋にAを入れて沸かし、焼き立ての鯛アラを入れる。沸いてきたらアクを取り、弱火にして沸騰させないように20分煮る。

④ 煮だし汁は漉して冷まし、アラについた身は小骨が入らないようにほぐし取る。

⑤ 米は洗ってザルに上げて水気を切り、炊飯釜に入れて煮だし汁を2合ラインまで入れる。味を見て、好みでBを入れて炊く。

⑥ 炊き上がれば、④のほぐした鯛身と胡麻を入れて混ぜ合わせ、器に盛って飾り用の焼き鯛身と木の芽を飾る。

鯛のアラ炊き

〈材料〉4人分

鯛アラ（切り分けたもの）
…600g

塩…適量

牛蒡…1本

木の芽…適量

A
- 水…200cc
- 酒…100cc
- 濃口醤油…大さじ2
- 砂糖…30g

B
- たまり醤油…大さじ2
- みりん…大さじ2
- 砂糖…大さじ2
- 酒…大さじ2

C
- 淡口醤油…少々
- みりん…少々

〈作り方〉

① 牛蒡は土を落とし、皮をこそげないように綺麗に洗って4～5cmに切る。酢水にさっと浸けたらザルに上げ、鍋に入れて水から茹でる。

② ①の牛蒡が冷めたら芯部分に金串を1cm程刺し、輪に沿って一周させ、少しずつ深く差し込みながら金串を回し、突き抜いて芯をくり抜く（管牛蒡）。

③ 鯛アラは多めの塩をふってしばらくおいたら綺麗に洗って水気を切り、一切れずつ熱湯に10秒程入れて冷水に取る（霜降り）。流水で残っている血合いやウロコを取り除き、ペーパー等で水分を取って大鍋に並べる。

④ 別鍋にAを入れて火にかけ、沸いたら③の大鍋に入れ、鯛アラがかぶるくらいの熱湯を足し入れて火にかける。沸いてきたらアクを取り、落とし蓋をして中火で7分煮たら、煮汁をボウルに全て移す。

⑤ 小鍋に煮汁150ccを入れて火にかけ、沸いてきたらBを入れて2/3量になるまで煮詰め、④の鯛アラの大鍋に戻す。大鍋を火にかけ、煮汁を鯛アラにかけながらしっかり煮詰めたら火を止める。

⑥ ボウルに残った煮汁、牛蒡、Cを鍋に入れて火にかけ、3～4分煮たら火を止めて冷めるまでおく。

⑦ 器に鯛アラを盛り、牛蒡を添えて木の芽を大盛りにする。

※この方法で炊くと、鯛の表面はべっこう色、箸で割れば真っ白なやわかい身が出てきます。

筍《たけのこ》

竹冠に旬と書き「筍」と読むように、野菜の旬が薄れる今でもはっきりと旬があり、しかも短い時期しか出まわりません。どんどんアクが強くなるので手に入れたら時間をおかずにゆがき、いろいろなお料理に用いて下さい（茹で方・保存方法はＰ41参照）。私はまずは「土佐煮」にし、次はやはり、多人数が旬の香りと食感をお腹一杯味わえる「筍ご飯」にしています。

土佐煮とはかつお節を用いる料理の事で、土佐（高知県）がかつおで有名な事からその名がついたそうです。筍の土佐煮にわかめを入れた「若竹煮」は、「出合い物」の代表です。わかめは直接入れて煮るとドロドロになるため、別鍋に入れ土佐煮の地でさっと煮て、器に盛る際に筍と合わせると綺麗に仕上がります。

筍木の芽焼き

〈材料〉４人分

茹で筍（P41参照）… 小１本分
木の芽 … 適量
照り焼きダレ（P172参照）… 適量
花山椒の佃煮 … 適量

〈作り方〉

① 木の芽は洗ってしっかり水分を拭き取り、乾いたまな板を使って粗く刻む。
② 筍上部は背に、下部は切り口に鹿の子に切り目（化粧包丁）を入れる。
③ グリルまたはオーブンで両面を素焼きする。
④ タレを全体に絡め、グリルまたはオーブンで炙る。
⑤ 焼けた筍をバットに並べて刷毛でタレを塗り、器に盛って木の芽を散らし、花山椒を添える。

※木の芽を散らすとぐっと味が引き締まります。土佐煮にした筍（左頁①～⑥参照）を用いると、より美味しくなります。

筍ご飯

〈材料〉４人分

米 … ２合
茹で筍（P41参照）… 150g
油揚げ … 50g
だし … 約 400cc
木の芽 … 適量

A
塩 … 小さじ 1/2
酒 … 大さじ１
みりん … 小さじ２
淡口醤油 … 大さじ１
濃口醤油 … 小さじ１

〈作り方〉

① 米は洗ってザルに上げておく。
② 油揚げは米粒大に細かく刻み、ペーパー等に包んで油を押さえ取る。
③ 筍は 1×２～３㎝の短冊切りにする。
④ 炊飯釜に米を入れ、２合ラインまでだしを入れる。
⑤ Ａを入れて混ぜ、塩が溶けたら筍と油揚げも入れ、軽く混ぜて炊く。
⑥ 炊き上がればやさしく混ぜ合わせ、器によそい木の芽を天盛りにする。

※土佐煮（左頁①～⑥参照）をたくさん作り、その筍と煮汁を使っても簡単にできます。お好みで調味料を少し足して下さい。

若竹煮

〈材料〉4人分
茹で筍（P41参照）… 400g
塩茹でえんどう豆 … 100g
干しわかめ … 30g
だし … 600cc
A　みりん … 大さじ2
　　砂糖 … 大さじ1/2
B　淡口醤油 … 大さじ2
　　塩 … 少々
　　だし用削り節
　　… 1パック(7g)
木の芽 … 数枚

〈作り方〉
① 茹で筍は縦半分に切ってから、穂先より下4～6cmで切る。
② 穂先は姫皮（穂先より上にある薄くやわらかい皮）を1～2cmくらいに切り揃え、外側数枚をむいて形を整え、放射状に2～3個に切る。
③ 下部は厚さ2cmくらいに切り（半月）、大きければ半分に切る（銀杏切り）。
④ ②、③を丁寧に水洗いして水分を切り、鍋に並べる。
⑤ だしを入れて火にかけ、沸騰したらアクを取り、蓋をして弱火で4～5分煮る。
⑥ Aを入れて2～3分煮たらBを入れ、蓋をしてごく弱火で10分煮る（土佐煮）。
⑦ 火を止めてえんどう豆を入れ、冷めるまでそのままおく。
⑧ わかめは水で戻し、芯を取り除いて適当な大きさに切る。別鍋に入れ、⑦の煮汁の半量を移し入れて火にかけ、沸いたら火を止めてそのままおく。
⑨ ⑦の筍と豆を温めて器に盛り、⑧のわかめを添えて木の芽を散らす。

※わかめは筍土佐煮の鍋には入れず、別鍋で煮含めて器で盛り合わせましょう。

豆《まめ》

教室では空豆とえんどう豆をよく使います。

空豆はサヤのまま直火で焼くと、豆が蒸し焼きになり美味しいです。空豆と海老のかき揚げも、色が美しくおすすめです。

えんどう豆はサヤから出した豆を一〜二分ゆがき、冷水で色止め後に水分を取って冷凍すると、数ヶ月保存できます。

「お豆さんの炊いたん（下記えんどう豆の玉締め①②参照）」を作る時の注意は、豆を空気に触れさせないようにする事です。まず、サヤから出す時は水に落としていきます。ゆがいた後もザルに上げておくとシワがよるのですぐに熱い地に入れ、鍋ごと氷水で冷やします。こうすると、皮がポコポコに張り、色も綺麗に仕上がります。

ひばり和え

〈材料〉4人分

空豆（サヤつき）… 200g
茄子 … 2本
塩 … 適量
揚げ油 … 適量

〈作り方〉

① 空豆はサヤから出し、薄皮をむいて水に落とす。水気を切って塩でもみ、熱湯でやわらかくなるまで茹でる。
② 熱いうちにしっかりつぶし、塩少々を混ぜて和え衣を作る。
③ 茄子は厚さ5㎜の半月切りにして素揚げし、油をよく切って軽く塩をふっておく。
④ ③の茄子が冷めたら②の和え衣で和え、味が薄いようなら塩で加減する。

※空豆を和え衣にする和え物を「ひばり和え」といいます。色、味ともに揚げ茄子との相性は抜群です。

えんどう豆の玉締め

〈材料〉4人分

えんどう豆（サヤつき）… 400g
卵 … 2個
水溶き片栗粉（片栗粉・水 … 各大さじ1/2）

A
だし … 400cc
砂糖 … 大さじ1と1/2
みりん … 大さじ1
淡口醤油 … 大さじ1
塩 … 小さじ1/3

〈作り方〉

① えんどう豆はサヤから出しながら水に落として洗い、塩熱湯でやわらかくなるまで茹でる。
② 鍋にAを入れて火にかけ、沸騰したら火を止めて、①の茹で立てのえんどう豆をしっかり湯切りして入れる。鍋ごと冷水に浸け、水を替えながらしっかり冷ます。
③ すっかり冷めてえんどう豆がふっくらしたら、煮汁とえんどう豆に分ける。
④ ボウルに卵をよく溶きほぐし、塩少々（分量外）と水溶き片栗粉を入れて混ぜる。
⑤ 鍋に③の煮汁を入れて火にかけ、沸騰したら④の卵を流し入れる。
⑥ 鍋ふちの卵が固まれば③のえんどう豆を入れ、静かに混ぜてすぐに火を止める。

※豆と煮汁に分けておき、煮汁に卵を入れてから豆を戻す事がポイントです。

豆ご飯

〈材料〉4人分
米 … 2合
えんどう豆（サヤつき）
… 250～300g
昆布 … 4cm角1枚
A｜塩 … 小さじ1弱
　｜酒 … 大さじ1と1/3

〈作り方〉
① 鍋に水450ccと昆布を入れ、昆布が大きく広がれば火にかける。沸騰直前に昆布を取り出し、沸騰したらアクを取って火を止めて冷まし、昆布だしを取る（P170参照）。
② 米は洗ってザルに上げる。
③ えんどう豆はサヤから出しながら水に落として洗う。
④ 炊飯釜に米を入れて2合ラインまで①の昆布だしを入れ、Aを入れて混ぜる。
⑤ えんどう豆はザルに上げて水気をしっかり切り、④の釜に入れ軽く混ぜて炊く。
⑥ 炊き上がれば、豆がつぶれないようにやさしく混ぜ合わせる。

※昆布を一緒に炊き込まず昆布だしで炊くと、豆の色褪せが抑えられます。炊き上がりを保温のままおいておくと、色褪せが進むので気をつけて下さい。

かつお

「目には青葉 山ほととぎす 初鰹《はつがつお》」と有名な句があるように、晩春から初夏の味覚の代表選手です。回遊魚で、黒潮にのって南の海から九州南部・四国沖～伊豆・房総～北海道近くまで北上し、水温が低下するとUターンして南下します。脂のりが良くて価格も安い、秋に出まわる「戻りがつお」も近年では人気です。

かつおといえば、「たたき」がよく知られています。かたい皮部分を焼く事でうま味成分を閉じ込める大変優れた調理法で、独特の臭みを消す効果もあります。

京都では昔、生が手に入りにくかったので、火を入れた「生節」が主流でした。「生節と豆腐の炊いたん」等は、よく食卓に並んだおかずです。

生、たたき、生節、かつお節と、味も用途もいろいろですね。

かつお角煮

〈材料〉４人分

かつおブロック(生) … 300g
山椒の実 … 小さじ１～２
木の芽 … 適量

A
酒 … 25cc
濃口醤油 … 25cc
砂糖 … 15g

〈作り方〉

① かつおは1.5～2㎝角に切って鍋に並べる。
② たっぷりの熱湯を注いで火にかけ、沸いたら弱火にして２～３分茹でる。
③ 落とし蓋でかつおを押さえ、湯を全部捨てる。
④ ②、③の作業を２～３回繰り返す。
⑤ かつおがかぶるくらいの水を注いで火にかけ、沸いたらAを入れ、蓋をして中火で５分煮る。
⑥ 天盛りにする分の木の芽を取りおき、残りは刻む。
⑦ ⑤の蓋を取って山椒の実と刻んだ木の芽を入れ、強火にして煮汁がほとんどなくなるまで煮る。
⑧ 器に盛り、木の芽を天盛りにする。

※１切れずつ霜降りにするのではなく、②～③を繰り返す事で一度にアクを取り除きます。

かつお漬け丼

〈材料〉４人分

かつおブロック(刺身用) … 300g
ご飯 … ２合分
うずらの卵 … ４個
糸海苔 … 適量
おろし生姜 … 少々

A
水 … 50cc
濃口醤油 … 50cc
みりん … 50cc
酒 … 30cc
砂糖 … 大さじ１

だし用削り節 … １パック (7g)

〈作り方〉

① 鍋にAを入れて火にかける。沸いてきたら弱火にしてだしパックを入れ、２～３分煮て火を止める。冷めたらパックを絞って取り除く。
② ボウルに①の1/3量とおろし生姜を入れて混ぜておく。
③ かつおは1㎝幅に切ってバットに並べ、②をかけてなじませる。ラップをかけて冷蔵庫で30分以上寝かせ、ペーパー等で汁気を拭き取る。
④ 器にご飯を盛って①を大さじ１ずつかけ、③のかつお漬けを並べる。
⑤ 仕上げに①を大さじ１ずつまわしかけ、うずらの卵を落として糸海苔を散らす。

※とろろ芋や胡麻を追加すると、より一層美味しくなります。生食用かつおの代わりに、かつおのたたきやまぐろでも同様の方法で作れます。

かつおのたたき

〈材料〉4人分

皮つきかつおブロック（刺身用）… 300g
塩 … 適量
ポン酢 … 大さじ5～6
おろし生姜 … 大さじ1
青葱の小口切り … 大さじ2～3
薬味（大葉、茗荷、芽紫蘇、パセリ、きゅうり、貝割れ大根）… お好みで適量

〈作り方〉

① かつおは軽く塩をふって10～15分おき、出てきた水分をペーパー等で拭き取る。皮目に多めの塩をふり、身にも軽く塩をふる。
② 水をはったボウルの上に網を置き、皮目を上にしてかつおをのせる。
③ 皮目と血合い部分に焦げ目がつくようにバーナーで炙り、身の部分は全体が白っぽくなる程度に炙る。すぐに氷水に入れてしっかり冷やしたら（焼き霜降り）、ペーパー等で水分を拭き取る。
④ ③を1cm幅に切ってバットに並べ、ポン酢大さじ2をかけて手で軽くたたくようにして味をなじませる。ラップをかけて、しばらく冷蔵庫で寝かせる。
⑤ バットのにごった汁を捨て、表面の水分をペーパー等で軽く押さえて取り除く。
⑥ 器に盛り、おろし生姜と青葱を天盛りにして薬味を添え、食べる直前にポン酢大さじ3～4をかける。

※定番のおろし生姜や青葱以外にも、大葉や茗荷等いろいろな薬味を添えて旬を味わって下さい。市販のたたき（ブロック）を買い求め、④からの工程で時短で仕上げても良いです。

あじ

あじは「味なり」といわれるように美味しく、刺身、焼き物、揚げ物、干し物等、いろいろと楽しめます。一番の特徴はゼイゴ（体側の側線上にあるトゲのようなウロコ。ぜんごともいう）で、尾の方からそぎ取っていきます（写真参照）。ゼイゴのないあじの仲間に、ブリ、ヒラマサ、カンパチ等があります。父がいつも「お造りのなかでもカンパチは一番旨い」と言っていたように、私は大型美味三大魚と覚えています。

真あじは大きさで分けられ、豆あじ（五センチ）や小あじ（十センチ弱）は揚げ物、大きいものはお造りやたたきをはじめ、姿焼きや塩焼きがおすすめです。三枚おろしにする手順は、鯖と同様です（P169参照）。

あじのたたき

〈材料〉4人分

あじ … 150g　　茗荷 … 1個
あさつき … 1～2本　　生姜 … 20g
大葉 … 8枚

〈作り方〉

① あじはウロコとゼイゴを取って頭を切り落とす。内臓を取り除いて綺麗に洗い、三枚におろして腹骨・血合い骨を取り除く（P169参照）。
② 肩口の皮を爪先を使ってめくり、引っ張りながら全体の皮を外す。5～7㎜の細切りにした後、包丁でたたきながら切る。
③ あさつきは小口より細かく切り、大葉2枚と茗荷は細いせん切りにする。水にさらしたらザルに上げ、水気を切っておく。
④ 生姜は綺麗に洗って皮をむき、半量は細いせん切りにする。残りの半量はすりおろして絞り、汁を取っておく。
⑤ 食べる直前に全てを混ぜ合わせ、皿に残りの大葉を敷いて盛りつける。

※あじの身はお好みでもう少し細かく切っても良いでしょう。あさつきは細葱でも代用できます。

豆あじの南蛮漬け

〈材料〉4人分

豆あじ … 15尾
白葱 … 1本
鷹の爪 … 1本
片栗粉 … 適量
揚げ油 … 適量

A　水 … 120cc
　　昆布 … 5㎝角1枚

B　酢 … 120cc
　　砂糖 … 大さじ2
　　みりん … 大さじ2
　　淡口醤油 … 大さじ2
　　濃口醤油 … 大さじ1

だし用削り節 … 1パック（7g）

〈作り方〉

① 鍋にAを入れてしばらくおき、昆布が広がればBを入れる。
② 火にかけて沸騰直前に昆布を取り出し、だしパックを入れて1分煮たら火を止める。冷めたらパックを絞って取り除く。
③ 白葱は2.5㎝に切って直火で焼き、種を抜いて輪切りにした鷹の爪と一緒に②に入れる。
④ 豆あじはエラや内臓を取り除いて綺麗に水洗いし、ペーパー等で水分をしっかり拭き取る。
⑤ 片栗粉をまぶし、170度の油で骨まで食べられるようにじっくり揚げる。
⑥ 油を切り、熱いうちに③に浸ける。

※油っぽい場合は、揚げ立てのあじに熱湯をかけて油抜きしてから浸け込んで下さい。

あじの塩焼き

〈材料〉4人分

あじ … 2尾
塩 … 適量
酒 … 適量
すだち … 2個
生姜の甘酢漬け … 適量

〈作り方〉

① あじはウロコとゼイゴを取って頭を切り落とす。内臓を取り除いて綺麗い洗い、三枚におろして腹骨・血合い骨を取り除く（P169参照）。
② 塩を軽くふってしばらくおき、出てきた水分を拭き取る。身を上にして再度軽く塩と酒をふって20〜30分おき、水分を拭き取る。
③ 皮目が上になるように片褄に串を打ち（P28参照）、皮目に切り込みを入れる（化粧包丁）。
④ 皮目に塩を軽くふり、皮目から焼く。
⑤ 程良く焦げ目がつけば返し、裏面も焼いて熱いうちに串を回して外す。
⑥ 器に盛り、半分に切ったすだちと生姜の甘酢漬けを添える。

夏の暮らしと料理

―茅《ち》の輪《わ》くぐり―

盆地であるがゆえ、じっとりと蒸し暑い京都の夏。昔から、ちょうど一年の半分を迎える六月三十日には、半年間の罪や穢《けが》れを祓《はら》い清めるさまざまな神事が、宮中や神社で行われてきました。今も名残りとして、「茅の輪くぐり」や穢れを紙の人形《ひとがた》に移して奉納する神事が行われています。

茅の輪くぐりとは、茅《かや》等で編まれた大きな輪が神社の境内に設置され、そのなかを参拝者が8《ハチ》の字を描くようにくぐり、厄除けや無病息災を願う神事です。子どもでも気軽に参加できるため、一般にも広く親しまれています。

―水無月《みなづき》―

京都では六月三十日に「水無月」を食べて無病息災を願う慣わしがあり、この時期はどこのおまんじゅう屋さんにも並びます。水無月はういろうのような生地を蒸籠に流し、甘納豆（小豆の甘煮）を散らして蒸し上げ、冷めたら三角に切り分ける和菓子です。水無月を見ると、店の仕事場に立ち、白い割烹着を着てせっせと三角形に切り分けていた、優しかった母を思い出します。

旧暦六月一日には、京都の北北西にある氷室《ひむろ》地区に蓄えられていた冬の氷が宮中に奉納されたと聞きますが、もちろん庶民の口には入らなかったため、氷の形を模した水無月が代わりに食べられるようになったそうです。

それにしても、京都の北にあるとはいえ、冬にできた氷を六月終

車折《くるまざき》神社に設けられた茅の輪。輪の形やくぐる時の作法等は、それぞれの神社で異なるようです。

写真右：もちっとした食感の蒸し菓子「水無月」。写真左：ごま豆腐に煮小豆を添えた「水無月胡麻豆腐」（レシピ P161）。初夏の献立の先付にされるお料理屋さんもあります。

わりまで氷室に保存できたなんて、涼しかったのだなあと思います。

思い返せば、私の子どもの頃の冷蔵庫も、電気ではなく氷を入れたものでした。実家のおまんじゅう屋では、ショーウィンドウの中に氷を入れ、その上に水ようかん等を並べて売っていましたが、夕方になると氷はすっかり消えてなくなっていました。毎日大きな氷の塊をリヤカーに積んだ氷屋さんがやって来て、父が頼んだ大きさにノコギリで切ってくれていた事をよく覚えています。私はいつも、切り口に真っ白いかき氷ができるのをじっと見ていて、氷屋さんが店の中に運び込んでいる隙に、切りくずのかき氷をそっと集めては口に入れ、母に叱られていましたね……。

店頭に並んでいた水無月が影を潜めると梅雨明けも近く、蛸を食べる半夏生（P76参照）、七夕祭と続き、京の町も初夏から本格的な夏へと進みます。

― 土用の丑《うし》・御手洗祭《みたらしまつり》 ―

土用餅とも呼ばれる「あんころ餅」。京都では暑い盛りに備え、土用入りの日にあんころ餅を食べる習慣があります。厄除の力があると伝わる小豆をいただき、無病息災を願うともいわれます。

この土用の丑の日の前後、下鴨神社では、御手洗池《みたらしいけ》に湧き出る地下水に足をつけ、罪・穢れを祓い無病息災を願う「御手洗祭」が行われます。夏に多い流行り病を避けるため厄払いした事が、祭の起源だといわれています。

御手洗祭は地元の人たちにとって「足つけ」としてなじみ深いお祭りで、私も毎年出向きます。素足になってろうそくを持ち、「冷たい、冷たい！」とはしゃぐ孫の手を引きながら、先に設けられたろうそく立てまで火が消えないようにそろそろ歩き、ろうそくを献灯します。御手洗池に映る幻想的なろうそくの灯を眺めていると、穢れが落ちた思いがします。そして池から上がり御神水をいただいて、もう一度無病息災を祈ります。

写真上：あんころ餅は、餅のまわりをあんで包むため「あん、ころも、もち」と呼ばれ、「あんころ餅」になったとの説もあるようです。写真下：下鴨神社で授けられる人形（ひとがた）。名前を書き、自分の身体のあらゆる所を撫でて穢れを移し、納めます。

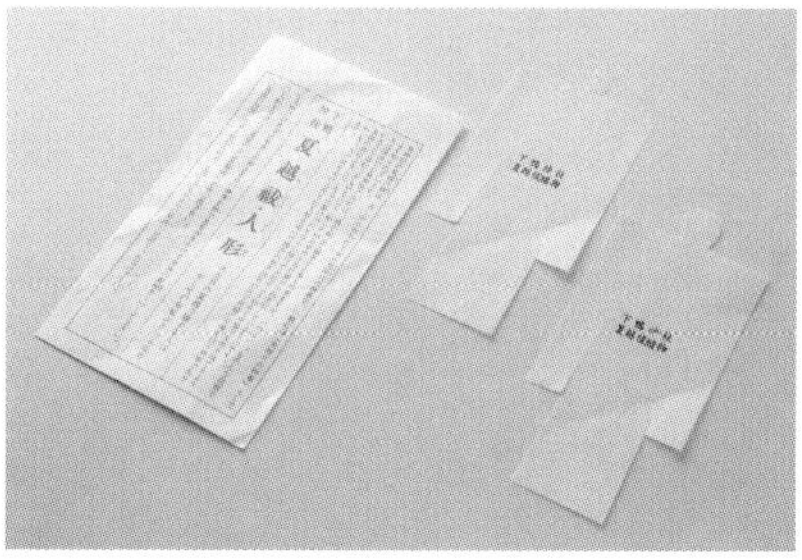

写真上：数年前、長刀鉾にのるお稚児さんを生徒さんの息子さんがつとめられ、名前入りの手ぬぐいと扇をいただきました。写真下：教室で教えた鱧棒寿司。この時期のお料理は鱧一色となり、祇園祭は「鱧祭り」ともいわれます。

7月17日の山鉾巡行の先頭を行く長刀鉾《なぎなたほこ》。両脇に禿《かむろ》が控え、お稚児さんが太刀《たち》で注連縄《しめなわ》を切る名場面では、見物客から拍手喝采が起こります。

―祇園祭《ぎおんまつり》―

日本三大祭の一つである祇園祭。七月一日の吉符入からほぼ一カ月にわたり、八坂神社や中京・下京の山鉾町《やまほこちょう》でさまざまな行事が行われます。「山」と「鉾」と呼ばれる大きな山車《だし》は、一本も釘を使わず縄だけを使う「縄がらみ」という技法で組まれます。若い頃、鉾町に勤め先があった私は、組み上がるのを目の前で眺めては、「すごいなあ、見事だなあ」といつも感心していました。山鉾が並ぶと夕暮れ時には提灯に灯が入り、「コンコンチキチン、コンチキチン」と祇園囃子《ぎおんばやし》が響き、より一層祭りの風情が漂います。

数年前、鉾町のお友達に「祇園祭といえば宵山や巡行がよく知られているけれど、神幸祭《しんこうさい》（おいで）・還幸祭《かんこうさい》（おかえり）が大事なのよ」と還幸祭に誘われ、初めて出かけました。神輿が帰って来るのは夜遅くという事で、鱧のおとし等のごちそうとお酒をいただきながら待っていると、「帰ってきはったよー」の声が掛かり、皆で八坂さん（八坂神社）に向かいました。若者が担ぐ神輿が舞殿に上げられ、ライトに照らされた担ぎ手の大粒の汗がキラキラと光っていました。三基の神輿が上がるとライトが消され、真っ暗闇のなかで御神霊を神輿より本殿にお遷しする祭典（神事）が行われます。シーンと静まりかえった境内。皆頭《こうべ》を垂れ、何とも言えない厳かな空気に包まれるうち、私はなぜか涙が溢れてきました。

　京都に長年住んでいても、なかなかこのような機会はありません。神聖な空気に触れ、脈々と受け継がれてきた京都の奥深さを感じ、心が洗われた夜でした。

― ちまき ―

　祇園祭のそれぞれの山鉾では、「蘇民将来《そみんしょうらい》子孫者也」等、「蘇民将来の子孫」を意味する護符がつけられた「ちまき」が用意されます。

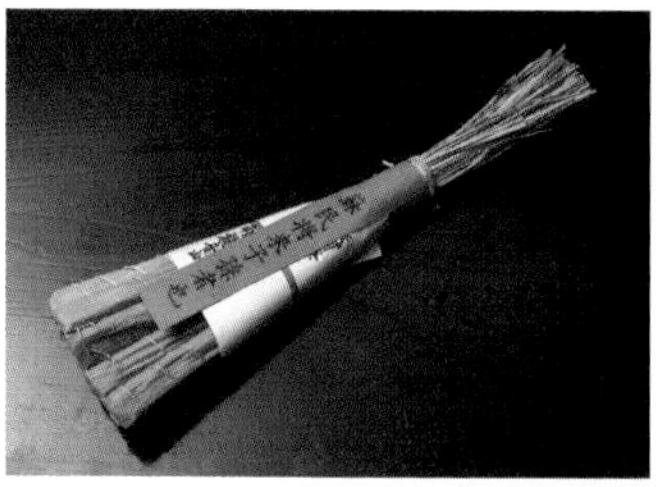

無病息災を願って一年間玄関に飾る、厄除けのちまき。私の家では毎年決まった鉾に娘が買いに行ってくれます。

　その昔、スサノオノミコトが旅で一夜の宿を求めた際、富者の巨《こ》旦将来《たんしょうらい》は宿を断り、貧者の蘇民将来は粟穀の座と粟飯を出し温かいもてなしをしたそうです。その返礼として、蘇民将来の子孫は疫病にかからない事を約束され、印として茅の輪を腰につけてもらったのが、ちまきの始まりだと伝わります。

― 賀茂茄子 ―

　子どもの頃、絣《かすり》の着物を着た農家の女性が、上賀茂から数キロ離れた私の実家辺りまで野菜を売りに来ていました。大八車が停まり、ぬれ麻布がめくられると、たくさんの野菜が積まれていた事を覚えています。このような、昔の天秤棒から始まった販売形態を「ふり売り」といいますが、少し前の京都ではよく見られる光景でした。

　当時、上賀茂で生まれ育った父が賀茂茄子を手に取り、「ヘタ（ガク）が三方に分かれているやろ。〝三ヘタ〟言うんや。おしり（底）も星形に広がっているやろ」と教えてくれました。

　京野菜のなかでも、賀茂茄子は人気、知名度ともに高く、甘煮の味噌を塗る田楽は夏のごちそうです。天地を切り落とし、かたい皮を縦方向にピーラーで所々むき、厚めに輪切りにしたら切り面に数か所穴をあけ、フライパンへ。たっぷりの油で両面を焼き、田楽味噌をつけていただきます。

　京野菜はいろいろな地域で手に入るようになりましたが、食べ方が分からないという話もよく耳にします。そのたびに、京都の若い方にはもちろん、他府県の方々にも美味しい食べ方を伝えていきたいと、思いが一層強くなります。

写真上：「賀茂茄子二色田楽」（レシピP161）。切り面にあけた穴に油をたらしながら焼くのがコツです。写真下・左右：上賀茂の農家さんのハウスでたわわに実った濃紺の賀茂茄子。身が詰まり、ずっしりとしています。

― 五山の送り火・大文字 ―

京都では先祖の霊の事を「お精霊《しょらい》さん」と呼び、お盆の八月十三日から十六日朝まで、お精霊さんを迎え、お祀りします。「お精霊さんを迎える」とは、先祖の霊が冥土《めいど》から家に戻る際に道に迷わないように加護する行事の事で、私の宗派ではお盆初めにご先祖さまを迎える用意をいろいろとします。蓮の葉、その上にお供えする野菜、果物、おけそく（小さなお供えのお餅）、押し菓子等の御供《おく》物《もつ》、槙《まき》の枝、お箸にするおがら、道しるべの灯りのほおずき、精進もののお膳（野菜の炊いたん等）、蓮の花が入った仏花……。お仏壇の掃除をしてから十三日にお墓参りを済ませ、帰り道に実家のおまんじゅう屋で「お迎え団子」を求めます。十四日はおはぎ、十五日は白蒸し（おこわ）、十六日は送り団子と、その都度買って供えるのが私の家のやり方です。十五日にはお寺の住職にお参りに来ていただき、十六日午後になるとお供物をひとまとめにして昔はお寺に、今は町内の決まった場所に納めに行きます。

そして、その夜は「送り火」です。ご先祖様が無事にあの世に帰れるよう、大の字が消えるまで手を合わせます。小さい頃は、母たちが「もうじき〝大〟が点くよ、早く見に行こう」と言っていたものですから、単に大文字山（東山の如意ヶ嶽）に大の字の火が点く行事だと思っていました。大きくなり、精霊が「大」が消えるとともにあの世に帰らはる（帰られる）、だから「送り火」というのだと知りました。

五山の送り火は、この大文字山の「大」をはじめ、五つの山（「妙」と「法」は二つを合わせて妙法山として数える）に、文字や形を表した火が灯ります。高い建物が建った今では、五山の送り火すべてが見える場所は、私が知る限りでは数か所しかありません。

送り火が終わると、京の暑い夏

「生麩・湯葉・椎茸炊き合わせ」（レシピ P162）。お盆のお供え等、精進にする時はだしにも動物性のものは使わず、昆布だしや椎茸のだしを用いて作ります。

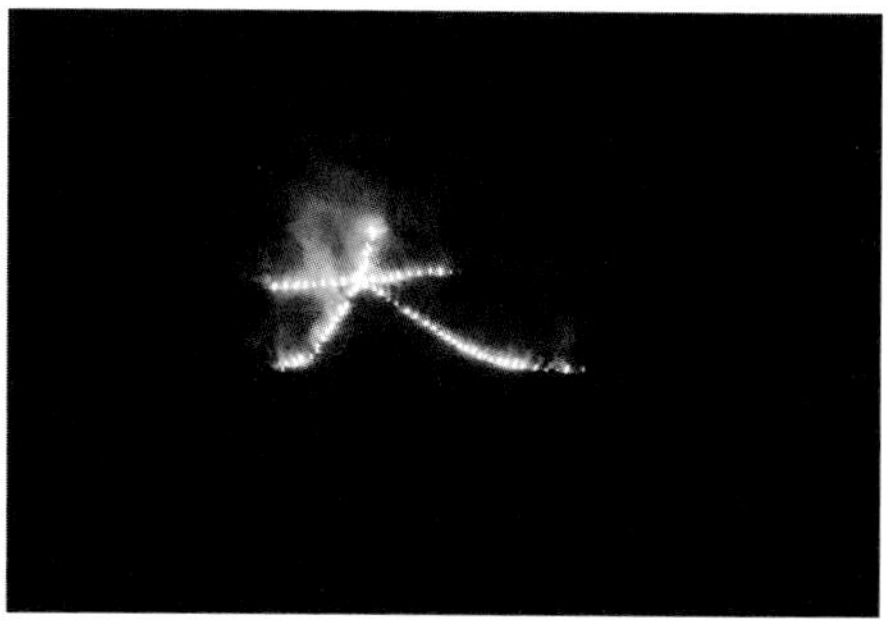

写真右：八月十六日の夜、五山のなかで最初に点火されるのが、大文字山です。「大」の字が浮かび上がると手を合わせ、ご先祖様をお見送りします。写真左：一年の家内安全や無病息災を祈り、玄関先に吊るす「焼き炭」。昔は送り火の翌朝早く学区の人たちと一緒に大文字山へ登り、炭を拾いに行きました。今は知人にいただいた炭を吊るしています。

も終わりに近づきます。

― 夏野菜 ―

夏の京野菜「桂瓜」は、京都市西京区桂の地で昔は盛大に作られていた白瓜の一種で、浅漬けや奈良漬け等のお漬け物の素材として知られています。おだしで炊いてとろみをつけ、生姜汁を落として食べると美味しく、若い頃はどこの家庭でも食べられていました。父の大好物でもあり、「瓜が炊けたよー」と持って行くと、「暑い夏に熱いものを食べると身体に良いんや」と汗をブルブルかきながら、目を細めて食べていました。

ずいきも夏ならではの野菜です。里芋の葉柄で細長く、白ずいき、赤ずいき、青ずいきがあります。白ずいきは日が当たらないように栽培され、白く脱色したようだという事から「白だつ」とも呼ばれます。お料理屋さんでは旨煮にして炊き合わせにしたり、煮物椀の添えに用いたりする高級品で、一般にはあまりお目にかかりません。逆に赤ずいきは一般的で手に入りやすく、家庭では酢の物、和え物、煮物等でいただきます。鮮やかな黄緑色の青ずいきは、お造りの添え等にする事が多いようです。

お盆が明けると、濃い赤紫色の細いさつま芋が出まわります。幼い頃はよく、母がおやつにと蒸してくれ、姉弟で縁側に並び熱々を頬張っていました。焼き芋には適さない細い芋ですので、塩をふり、店で蒸気が上がっている蒸し器で蒸すのが手っ取り早かったのだと思います。お料理屋さんでは、「丸十 栂《とが》ノ《の》尾《お》煮《に》（クチナシで色づけする事も多いさつま芋の甘煮）」として、八寸の一品や焼き物の添

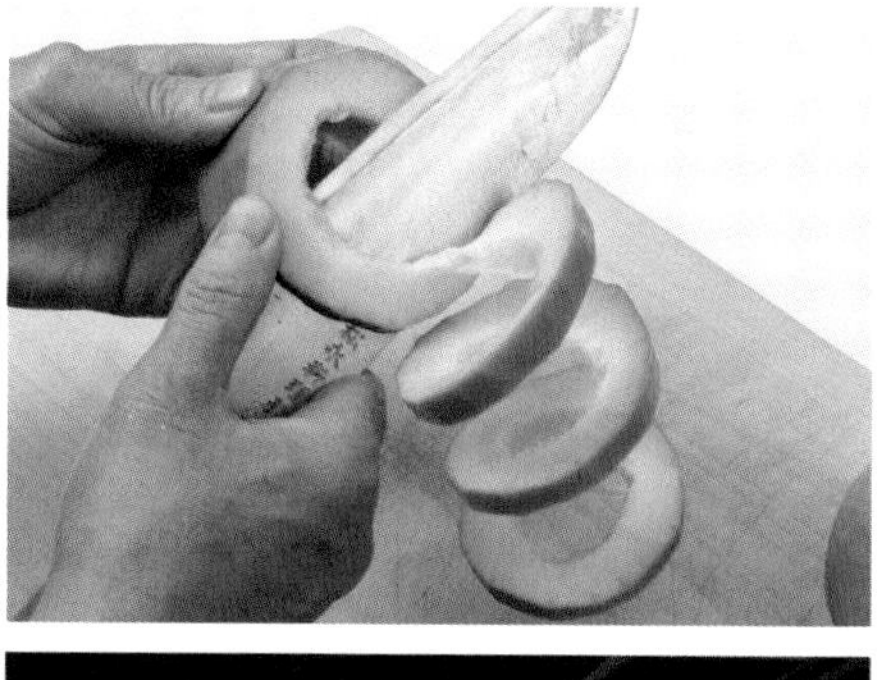

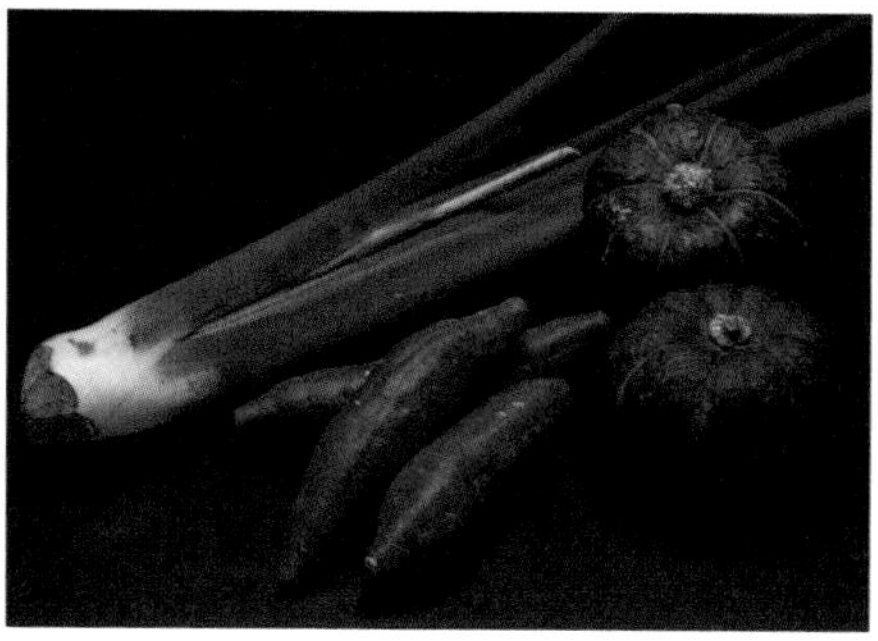

写真上：瓜をらせん状に切り、塩水に浸けてから陰干したものを「雷干し」といい、酢の物にするとパリパリとした独特の食感が楽しめて美味しいです。「食べると雷のような音がする」、「干している様子が稲妻に似ている」等、名前の由来は諸説あるようです。写真下：左から、赤ずいき、さつま芋、かぼちゃ。京都ではかぼちゃは「おかぼ」とも呼ばれ、常々のおかずに、精進の時に、よく炊きます。京言葉で「おかぼの炊いたん」ですね。

「穴子の昆布巻き」（レシピ P163）。中身は穴子、ニシンをはじめ、鮎、鮭、豚肉等でも良いと思います。

え、お弁当等に使われるようです。家庭では、レモン煮等にするのがおすすめです。

— 昭和中頃の京の町 —

子どもの頃、夏には学区ごとに決められた「衛生掃除の日」がありました。その日は、学区のほとんどの家が畳を上げて立てかけ、陽に当てて干していました。重ねて立てかけても風通しが良いように、畳と畳の間にかまぼこ板を挟んでいたと記憶しています。母はこの日のために、かまぼこ板を何枚も取っておいたようです。

掃除中は台所が使えないので、お昼ごはんは前日に作っておいたり、売り歩きの人や煮豆屋さん（今でいう惣菜屋さん）から買う等さまざまでしたが、なぜかおかずはどこの家も「ニシンの昆布巻き」でした。私の家は煮豆屋さんに注文し、私が決まって大きなお皿を持って取りに行く係でした。

娘にこの話をして、「今は畳の部屋がある家なんて減ってきてるやん」と一笑された事があります。でも我が家は間口が狭くどんどん奥に続く、いわゆる「うなぎの寝床」式の町家。まだまだ畳の部屋は半分以上あります。

今では考えられない地域の連帯に感心しますが、昔は地域でこのような行事がいくつかありました。夕暮れ時ともなると桶に湯をはって行水をし、夜には家前に床机《しょうぎ》を出して座り、皆がうちわで仰ぎながら談笑していた時代……。そんな懐かしい頃のお話です。

— 地蔵盆 —

京都の町には、子どもを守って下さる地蔵菩薩をお祀りしている地域が数多く残っています。毎年

八月、地蔵菩薩の縁日の二十四日前後に行われる地蔵盆は、子どもを中心とした町内会の行事です。私の町内では一画にテントを張り、それぞれの子どもの名前が入った提灯を持ち寄って飾りつけ、執《と》り行ってきました。

私の町内の地蔵盆のテント。娘たちが幼い頃は、一年間家で保管していた娘の名前入りの提灯を前日に持って行き、ぶらさげてもらいました。当時は提灯の数もいっぱいでしたね。

私が幼い頃は子どもの数も多く、地蔵盆が二日間盛大に行われていました。楽しみにしていた福引きは、町役の方の家の二階窓から箱がロープをつたって下りてくるという大掛かりなもので、大当たりのベルがからんからんとなるたびに、私のかしらとドキドキした事を覚えています。終わりの夜は町内の広場や大通りにやぐらが組まれ提灯《ちょうちん》に灯が入り、老若男女が浴衣を着て盆踊りを楽しみました。

最近は子どもの数も減り、私の町内では一日限りの地蔵盆ですが、昔と変わらずお寺の和尚さんが来て下さり、お参りの後で大数珠《おおじゅず》まわしが行われます。「なんまいだぶ、なんまいだぶ」と唱えながらまわし、大玉が前にくると皆それぞれに頭を下げます。それが終わると太鼓を鳴らしながら、「おやつの時間」ドンドン「おやつの時間」ドンドンとまわり、子どもたちが待ちに待った楽しい地蔵盆が始まります。

お地蔵さんに加護され娘たちがすくすく大きくなったとの感謝の気持ちから、
娘たちが巣立った今もお供えのお膳を作り、町内に関わらせていただいています。

穴子《あなご》

穴子は特殊な包丁でおろすので、私も市場に並ぶ開いたものを買い求め、いろいろな料理に使います。

ウロコがほとんど退化し、全身を覆う強い粘液で敵から身を守っていますが、このヌメリをしっかり取らなければ美味しくありません。処理方法は、皮を上にしてバットに並べ、熱湯をかけて氷水に落とし（霜降り）、白濁して浮いてきたものを包丁の背でこそげ取ります。次に身の方の残っている中骨や血袋等を取り除き、頭を切り落として綺麗に洗います（水気を拭きラップに包んで冷凍可）。

煮穴子にする時は、処理したものを用いますが、煮ている間に皮が縮み全体が反ってくるので、煮上がれば熱いうちに取り出して手で広げ、バット等板状のもので冷めるまで押さえます。こうすると、広がった身は反りません。

柳川風《やながわふう》穴子鍋

〈材料〉４人分

焼き穴子 … 100g	A	だし … 500cc
牛蒡 … 120g		塩 … 小さじ 1/2
卵 … ４個		淡口醤油 … 大さじ１
三つ葉（軸）… 適量		濃口醤油 … 小さじ１
粉山椒 … 適量		みりん … 大さじ 1/2 弱

〈作り方〉

① 穴子は１～２cm幅に切り、三つ葉は３cmに切る。

② 牛蒡は土を落とし、皮をこそげないようにタワシ等で綺麗に洗い、ささがきにする。酢水にさっと浸けたらザルに上げ、水気をしっかり切って土鍋に敷き、Ａを入れる。

③ 土鍋を火にかけ沸いたらアクを取り、牛蒡が透き通ってきたら①の穴子を入れる。

④ ボウルに卵を割りほぐし、鍋のふち側からまわし入れる。ふち側の卵が少しかたまってきたら蓋をして火を止め、しばらくおく。

⑤ 好みの具合に卵が固まれば、三つ葉を散らして粉山椒をかける。

※ドジョウの代わりに、手に入りやすくクセのない焼き穴子を使用しました。

穴子の天ぷら

〈材料〉４人分

生穴子 … ４尾	A	卵黄 … 1/3 個分
薄力粉 … 適量		冷水 … 200cc
揚げ油 … 適量	B	薄力粉 … 100g
塩 … 適量		片栗粉 … 大さじ１と 1/3

〈作り方〉

① 処理した穴子（上記参照）は流水で洗ってペーパー等で水分をしっかり拭き取り、薄力粉を薄くつける。

② Ａを混ぜ合わせ、卵冷水を作る。

③ ボウルにＢを混ぜ合わせ、②の卵冷水を入れて練らないように軽く混ぜ、衣を作る。

④ ③に穴子を浸してから、180 度の油に流すように入れて揚げる。

⑤ 浮いてきたら穴子の上に箸で衣をふり入れ、衣がしっかりしてきたら返し、うっすら色がついてきたら油から引き上げる。

⑥ 器に盛り、塩をふる。

※油に入れる時は、尾を持って流すように入れると形良く揚がります。山椒塩でいただくのもおすすめです。

煮穴子寿司

〈材料〉12 個分
生穴子 … 6 尾
酒 … 200cc

A
水 … 300cc
淡口醤油 … 大さじ 4
濃口醤油 … 大さじ 1 弱
砂糖 … 大さじ 5

B
砂糖・みりん・
たまり醤油 … 各少々

寿司飯 … 1 合分★

★寿司飯は作りやすい 2 合（P33 参照）か 3 合（P32 参照）で作り、ここでは 1 合分を用いて下さい。

〈作り方〉
① 穴子は処理をして（右頁上記参照）流水で洗い、ペーパー等で水分をしっかり拭き取っておく。
② 鍋に皮目を上にして重ならないように並べる。
③ 別鍋に酒を入れて火にかけ、沸いてきたら A を入れ、再度沸けば②の穴子の鍋に静かに入れる。
④ 落とし蓋をして火にかけ、沸いてきたら弱火にしてアクを取りながら 10～12 分煮る。
⑤ 中火にし、穴子の表面が煮汁から出るくらいに煮詰まれば B を入れ、鍋を少し傾けて煮汁をかけながらさらに煮詰める。
⑥ 穴子がくずれないようにバットに身を上にして取り出し、軽く手で押さえて丸まりを直し、バット等で押さえて冷めるまでおく。
⑦ 残った煮汁は少し煮詰めておく。
⑧ 寿司飯を 12 等分にしてにぎり、2 等分に切った煮穴子をのせ、煮詰めた煮汁を刷毛で塗る。

※熱々のご飯にのせ、丼にしても。煮汁が足りないようなら、照り焼きダレ（P172 参照）を足して下さい。

いか

するめいかや剣先いか等の「筒いか」（胴部分が筒状で背中に薄く透明な軟甲がある）は、店頭でもよく見かけ手に入りやすいです。紋甲いか等の「甲いか」（背中に舟形の甲（殻）を持ち下足の身が厚く短い）は、寿司種やお料理屋さんで用いられる事が多いです。

鮮度が良いいかは、透明感のある濃い茶色をしています。時間が経つと白色に変化してくるので、購入の際は透明感や色で判断すると良いでしょう。

皮を取り除く時は、エンペラと胴の間に指を入れて穴をあけて先端を外し、胴の皮を引きさきながらエンペラを下に引っ張って外します。胴に残った皮は、むけた皮との境目に親指を差し込むようにしてむいていきます。むきにくい時は、布巾やペーパーでこすりながら取り除くと良いでしょう。

いかの塩辛

〈材料〉４人分
するめいか（刺身用）…１杯
塩…適量　　酒…少々

〈作り方〉

① いかは下足をゆっくり引っ張って内臓をつぶさないように取り出し、内臓と下足に切り分ける。
② 内臓からワタ（一番大きな茶色の内臓）を外し、側面の墨袋や他の内臓物を取り除く。
③ ワタに隠れるくらいの塩をたっぷりまぶし、冷蔵庫で半～１日おく。少しかたくなり濃い色になるまで脱水したら、水洗いしてしっかり水分を拭き取る。薄皮を破って中身を出し、煮切り酒少々（分量外）を混ぜて塩で味を調える。
④ ①の胴部分はエンペラを下に引っ張りながら、皮をむく（上記参照）。縦半分に切り、綺麗に洗って水分を拭き取り、両面に軽く塩をふって冷蔵庫で半～１日おく。
⑤ 出てきた水分を拭き取って細く切り、酒を混ぜる。③のワタと合わせ、冷蔵庫で１日おく。

※新鮮ないかを求めて下さい。煮沸消毒済みの綺麗な瓶に入れて冷蔵保存し、時々かき混ぜて２～３日で食べ切るようにしましょう。塩辛に下足は入れないので、残った下足は塩をふって直火で焼く等、お好みで召し上がって下さい。

湯いか

〈材料〉４人分
するめいか胴部分…２杯分
スナップエンドウ…20個
ポン酢…適量

〈作り方〉

① いかのエンペラを下に引っ張りながら、胴部分の皮をむく（上記参照）。綺麗に洗い、1cm幅くらいの輪切りにする。
② 鍋にたっぷりの湯を沸かし、火を止める。①のいかを入れて２～３秒したらザルに上げ、氷水に落とす。
③ ザルに上げ、ペーパー等で水分を拭き取る。
④ スナップエンドウは筋を取り、塩熱湯で茹でて冷水に取り、色止めをする。
⑤ ③のいか、④のスナップエンドウを器に盛り、ポン酢を添える。

※いかは茹でる時間が長くなるとかたくなります。２～３秒熱湯に入れてすぐに冷水に取り、熱の進行を止めるのがポイントです。白田楽味噌（P173参照）に酢と溶き辛子を混ぜた辛子酢味噌を添えても美味しいです。

いかのたらこ和え

〈材料〉4人分
剣先いか 胴部分（刺身用）
… 200g
たらこ … 100g
酒 … 小さじ1
レモン汁 … 少々
淡口醤油 … 少々
砂糖 … 少々
レモンの輪切り … 適量
茹で菜の花 … 適量

〈作り方〉
① いかのエンペラを下に引っ張りながら、胴部分の皮をむく（右頁上記参照）。綺麗に洗い、ペーパー等で水分を拭き取る。
② 縦に切り目を入れていかを開き、水分を拭き取る。
③ いかの内側に5㎜間隔で縦に切り込みを入れ、縦2～3等分に切り分ける。
④ 切り目に対して垂直に3～5㎜の細切りにする（糸造り）。
⑤ たらこは中身を出して皮を除き酒を混ぜ、お好みで淡口醤油と砂糖を加え味を加減する。
⑥ 食べる直前に④のいか、⑤のたらこ、レモン汁を混ぜ合わせる。
⑦ 器に盛り、菜の花とレモンを添える。

※野菜（蓮根やオクラ等）を加えてボリュームを出すのも良いですね。調味料の量はたらこの塩分により変わってくるので、少しずつ入れて調節して下さい。市販のいか造り（糸造り）を使用すると、より手早く作れます。

鮎《あゆ》

昔、海から遠い京都では新鮮なまま手に入る川魚はごちそうでした。鮎は今でも珍重されています。

川の下流でふ化した稚魚は、海水耐性を備えているため数日内に海あるいは河口域に流下し、プランクトンや水生昆虫等を食べて大きくなります。春に川を遡《そ》上《じょう》し、夏になると縄張りを張って川藻を食べるようになります。主人が時々「友釣り」で釣って来てくれた事もあり、天然鮎はスイカのような爽やかな香りがしました。

店頭で目にする鮎はほとんどが養殖ものですが、技術の向上で美味しい鮎が安価で手に入り、主婦としてはうれしい限りです。そこで、せめて泳いでいるように焼いて欲しいと、教室では「踊り串」の刺し方を教えています。

鮎甘露煮

〈材料〉作りやすい最低量

鮎 … 12尾

昆布 … 5cm角×2枚

A
- 番茶 … 800cc
- 酢 … 大さじ2

B
- 酒 … 100cc
- 砂糖 … 50g
- 濃口醤油 … 50cc

C
- たまり醤油 … 20cc
- 水飴 … 大さじ3〜5

糸かつお … 適量

〈作り方〉

① 鮎は綺麗に洗ってペーパー等で水分とヌメリを取り除き、グリルまたはオーブン（180度・20〜25分）で素焼きする。平らな鍋に昆布を敷き、鮎を重ならないように並べる。

② 熱したAを入れて強火にかけ、沸いたらアクを取って落とし蓋と蓋をして弱火で1時間煮る。

③ Bと熱湯を鮎の3cm上まで入れて強火にし、沸いたらアクを取り、落とし蓋と蓋をして弱火で2〜3時間、鮎の骨がやわらかくなるまで煮る（鮎の3cm上まで煮汁があるように熱湯を足しながら煮る）。

④ 蓋を取り煮汁が少し残るくらいまで煮詰めたら、Cを入れて煮汁をかけながらさらに煮詰める。

⑤ くずれないようにバットに取り出し、煮汁をかけて冷ます。器に盛り、糸かつおを添える。

鮎の姿焼き（塩焼き）

〈材料〉4人分

鮎 … 4匹

塩 … 適量

蓼酢 … 適量

〈作り方〉

① 鮎は綺麗に洗ってペーパー等で水分とヌメリを取り除く。

② 串を刺し、もう一度ペーパー等でしっかり水分を拭き取る。

③ 尾ビレ、尻ビレ、胸ビレに塩を押さえるようにしてつけ、焦げないようにアルミ箔で覆いをする。

④ 表面に水分がないか確認して（あれば拭き取る）、高い位置から全体に塩をふり、表面よりグリルで焼く。

⑤ 良い焼き色がついてきたら裏面も焼き、③で覆ったアルミ箔を取り除いて再度表面を炙り焼く。

⑥ 熱いうちに串を回し抜き、器に盛って蓼酢を添える。

※塩を立たせるため、塩をふったらすぐに焼く事がポイント。写真のように踊り串を刺すと見映えが良くなります。

鮎ご飯

〈材料〉４人分
米 … ２合
鮎 … ５尾
塩 … 少々
昆布 … 4㎝角
だし用削り節 … １パック(7g)
A | 酒 … 大さじ２
　| 濃口醤油 … 小さじ１
　| 淡口醤油 … 小さじ２
　| 塩 … 少々
生姜のせん切り … 6g
蓼の葉 … 適量

〈作り方〉
① 米は洗ってザルに上げる。
② 鍋に昆布と水 500cc を入れ、昆布が広がるまで 30 分以上おく。
③ 鮎は綺麗に洗ってペーパー等で水分とヌメリを取り除き、塩をふってグリルで両面こんがり焼く。
④ 裏側の身に切り目を入れて中骨を引っ張り外し、取り出した骨をだし用パックに入れる。４匹は飾り用に取りおく。
⑤ ②の鍋を火にかけ、沸騰直前にだしパックを入れて弱火で３分煮る。
⑥ ④の焼き鮎１匹と骨入りパックを入れ、強火にしてアクを取る。
⑦ Aを入れて弱火で２〜３分煮たら、鮎、昆布、２つのパックを取り出し、煮汁を冷ましておく。
⑧ 炊飯釜に米を入れ、２合ラインまで⑦の煮汁を入れる。⑦で取り出した鮎１匹をのせ、生姜を散らして炊く。
⑨ 炊き上がれば、鮎を取り出して身をほぐし、ご飯に混ぜ合わせる。器に盛って④で取りおいた鮎を飾り、蓼の葉を散らす。

※焼いた鮎を購入して作ると簡単にできます。おもてなしにする時は、写真のように踊り串を刺して焼くのがおすすめです。

鱧《はも》

海から遠い京都に生きたまま入ってきた、生命力の強い鱧。小骨が無数にあり敬遠されていましたが、先人の知恵で骨切りされ食されるようになりました（鱧切り包丁で皮一枚残し、一寸＝約三センチに二十四切り目を入れると名人技といわれるそう）。昔は、「シャリシャリ」という骨切りの音が聞こえると、京都の人は「祇園祭の季節が来た」と思ったそうです。

若い頃、食通の方にごちそういただいた「焼き霜造り鱧」はとても美味しく、感動した覚えがあります。当時は何も知らず、後に高級料理だと知りました。身側は少し、皮はしっかり焼いて氷で冷やす、家庭で作るには難しいお料理です。その点「落とし」は作りやすいので、ぜひ挑戦してみて下さい。

鱧の源平《げんぺい》焼き

〈材料〉4人分

生鱧（骨切り済み）…1尾
塩 … 適量
炒り黒胡麻 … 適量
照り焼きダレ
（P172参照）… 適量
粉山椒 … 適量

〈作り方〉

① 鱧は4等分に切る。塩をふって5分程おき、出てきた水分を拭き取る。
② 2切れには表面に多めの塩をふる。
③ 4切れとも身を上にして、うっすら焼き色がつく程度にグリルで焼き、ひっくり返して皮目はしっかり焼く。
④ ②で塩をふった2切れは身の方を少し焼いてから取り出し、身に黒胡麻をふる。
⑤ 残りの2切れは身を上にして刷毛でタレを塗り、グリルで軽く炙る。
⑥ ⑤のタレを塗って炙る作業を1～2回繰り返したら、裏返して皮目にもタレを塗って炙る。取り出して身の部分にもう一度タレを塗り、粉山椒を散らす。
⑦ 塩焼き、タレ焼きとも半分に切って皿に盛る。

※源平焼きは同じ食材を2色に仕上げた焼き物の料理名です。源氏と平家の旗の色に見立ててこの名がつきました。

煮鱧丼

〈材料〉4人分

ご飯 … 2合分
鱧の落とし…12～16切れ
卵 … 3個
塩 … 少々
糸海苔 … 適量
サラダ油 … 適量

A
だし … 100cc
砂糖 … 大さじ1
みりん … 大さじ2
酒 … 大さじ4
濃口醤油 … 大さじ2
淡口醤油 … 大さじ2

〈作り方〉

① ボウルに卵を割り入れてしっかりほぐし、塩を入れて混ぜる。
② 熱した卵焼き器に薄く油をひいて①を流し入れて焼き、薄焼き卵を6～7枚作る。
③ なるべく細くせん切りにして錦糸卵を作り、飾り用（1/5量）を取りおく。残りの錦糸卵は、器にご飯をよそって上に敷く。
④ 鍋にAを入れて火にかけ、沸いてくる直前に鱧を2～3切れずつ入れて30秒程煮る。
⑤ 鱧を取り出して錦糸卵の上にのせ、煮汁は少し煮詰めて鱧の上からまわしかける。
⑥ 飾り用の錦糸卵を天盛りにして糸海苔を散らす。

※市販の鱧の落としで作れる簡単な丼ぶりです。暑い夏にさっぱりさせたい場合は、Aに酢を少し加えても良いでしょう。お好みで七味を散らしても。

鱧の落とし

〈材料〉４人分
活き締め生鱧
（骨切り済み）… １尾
大葉 … ４枚
大根・きゅうりのけん
… 適量
茗荷のせん切り … １本分
わさび … 適量
梅肉 … 適量

〈作り方〉
① 鱧は2.5㎝幅に切る。
② 沸騰させた湯に差し水をして温度を 80 〜 90 度に下げる。
③ 鱧は皮を下にして穴あきお玉に２〜３切れのせ、皮目のみ湯に浸ける。
④ 皮が縮んで身が丸まってきたら、お玉全体を浸けて鱧を湯に落とし、50 〜 60 秒で引き上げる。氷水に取って完全に冷やす。
⑤ ザルに上げて水気を切り、ペーパー等の上に並べて水分を取る。
⑥ 器に大根ときゅうりのけんをおいて大葉を敷き、鱧を盛る。茗荷とわさびを添え、別皿に梅肉を入れる。

※家庭で作る落としは、作り立てでとても美味しいです。必ず活き締めの新鮮な鱧を求めて下さい。

蛸《たこ》

夏至《げし》から数えて十一日目の七月二日頃から五日間を「半夏生《はんげしょう》」といい、由来とされる植物「半夏生」の花が咲く時期でもあります（葉が半分程白くなる事から「半化粧」とも書くそう）。田植えは半夏生までとされ、梅雨明けもこの頃です。

関西地方では、田植えが無事に終わると田の神様に感謝し、「蛸の足のように、植えた苗が四方八方しっかり根が張って欲しい」との思いから蛸を食べる風習があり、店頭にも蛸が並びます。

蛸やいかは火を入れ過ぎると繊維質が縮みなかなか噛み切れませんが、数時間炊くとその繊維がぷちぷちと切れ、これを応用したお料理が「やわらか煮」と呼ばれるものです。冷凍する事でも繊維が切れるので、冷凍後に解凍してから煮ると時間が短縮されます。

蛸酢

〈材料〉4人分

蛸足（刺身用）… 120～150g
きゅうり … 1本
塩蔵わかめ … 20g
塩 … 適量

A
甘酢（P172参照）… 大さじ2
淡口醤油 … 小さじ2
だし … 大さじ3～4

生姜 … 適量

〈作り方〉

① Aを混ぜ合わせて土佐酢を作る。
② 蛸足は吸盤の反対側に5㎜幅くらいの深い切り目を入れ、1.5㎝幅に切る。
③ きゅうりは蛇腹に切り、2～3㎝長さに切る。塩をふり、しばらくおいてしんなりしたら水洗いし、布巾等を使って水分をしっかり絞る。
④ わかめは水に浸けて塩を取り、広げて芯を切り除いて一口大に切る。熱湯に入れ、色が鮮やかになればすぐ冷水に落とし、ザルに上げて水気を切る。
⑤ ボウルに蛸、きゅうり、わかめを入れ、①の土佐酢で和えて冷蔵庫で冷やす。
⑥ 器に盛り、細くせん切りにした生姜（針生姜）を天盛りにする。

※茹で蛸は少しかたいので、小さめに切って使用下さい。露生姜《つゆしょうが》（生姜の絞り汁）もよく合います。

茹で蛸の生姜風味揚げ

〈材料〉4人分

茹で蛸 … 200g
青葱 … 1/2本
片栗粉 … 大さじ6
揚げ油 … 適量

A
おろし生姜 … 10～12g
砂糖 … 少々
濃口醤油 … 大さじ2
酒 … 大さじ1

〈作り方〉

① 茹で蛸は2㎝くらいに切る。
② 青葱は小口より細かく切っておく。
③ ボウルに①の蛸、②の青葱、Aを入れてよくもみ込み、しばらくおく。
④ もう一度もみ込んでしばらくおいたら余分な汁を捨て、蛸に半量の片栗粉をまぶし、しっかりもみ込んでしばらくおく。
⑤ 残りの片栗粉をまぶし、180度の油で揚げる。

※蛸は水分が多く油はねしやすいので、注意して揚げて下さい。片栗粉をしっかりもみ込んでおき、さらに片栗粉をまぶしてから揚げると油はねしにくくなります。

蛸のやわらか煮

〈材料〉作りやすい分量
茹で蛸 … 500～600g
大根 … 10～12㎝
茹でオクラ … 4～6本
辛子 … 適量
酒 … 100cc
A｜砂糖 … 20g
　｜濃口醤油 … 大さじ1
B｜砂糖 … 10g
　｜濃口醤油 … 大さじ1
たまり醤油 … 大さじ1

〈作り方〉
① 蛸は大きめに切り分け、一度冷凍してから自然解凍する。大根は皮をむいて10～12等分に切る。
② 鍋にクッキングシートを敷き、蛸を重ならないように並べる。
③ 酒を入れてひたひたになるまで水を加え、火にかけて沸騰したらアクを取る。
④ 落とし蓋と蓋をして弱火で20分煮たら、Aを入れる。30分煮たら大根を蛸の上に並べ、蛸がやわらかくなるまで煮る（2時間程）。
⑤ Bを入れて10分煮たら蓋を外し、大根を取り出して弱火のまま蛸がギリギリ浸る量まで煮汁を煮詰める。
⑥ たまり醤油を入れて少し煮たら火を止め、煮汁に蛸を浸けたまま冷めるまでおく。
⑦ 静かに取り出して切り分け、器に大根、オクラとともに盛り、辛子を添える。

※蛸の皮が鍋底にくっつかないようにクッキングシートを敷きましょう。蛸をやわらかく煮るには長時間かかりますが、蓋の上に重しを置くと圧力がかかり煮る時間が短縮できます。煮立ての蛸は皮がはがれやすいので、冷めるまで触らずに。

茄子《なす》

茄子の皮の紫紺色の色素（アントシアニンの一種）は水溶性のため、長く煮たりゆがいたりすると水に溶け出して変色します。油を使った高温調理により変色を抑える事ができるので、色を綺麗に仕上げたい時は揚げ煮や炒め煮等がおすすめです。

茄子と油は相性が良く、コクが出て美味しい反面、多量の油を吸い油っぽくなります。そのため、茄子に油をしっかり吸わせる方が美味しい田楽等にする際は、私は揚げずに多めの油で焼く方法で仕上げ、油の量を減らしています。

色の事を考えないのなら、油を使わずコトコト炊き仕上げる煮物も、あっさりとして美味しいです。

「ニシン茄子」は、干したニシンを保存しておき、採れ立ての茄子と炊き上げる「出合い物」。京都では定番のおばんざいですね。

茄子生姜醤油

〈材料〉4人分

茄子 … 3個　　濃口醤油 … 大さじ3
生姜 … 12g　　サラダ油 … 適量

〈作り方〉

① 茄子はガクを取って縦半分に切り、皮目に細かく切り目（化粧包丁）を入れ、ペーパー等で水分をしっかり拭き取る。
② ボウルに生姜をすりおろし、醤油を混ぜておく。
③ フライパンにたっぷりの油を入れて熱し、①をまず皮目から焼く。途中油がなくなったら足しながら、返して裏面も焼く。
④ 焼き上がったらすぐに②のボウルに入れて生姜醤油を絡め、器に盛る。

※暑い時期には冷蔵庫で冷たくしても美味しいです。

賀茂茄子の揚げだし

〈材料〉4人分

賀茂茄子 … 1個
万願寺唐辛子 … 2本
青葱 … 1本
糸かつお … 適量
揚げ油　適量
A
だし … 150cc
淡口醤油 … 大さじ2
みりん … 大さじ2

〈作り方〉

① 茄子は両端を切り落とし、ピーラー等で縦に4、5カ所皮をむいて横半分に切る。
② 縦4等分にして断面に切り目（化粧包丁）を入れる。
③ 唐辛子は綺麗に洗って半分に切り、種を取り除く。
④ 青葱は小口より細かく切って水にさらし、水気を切っておく。
⑤ 鍋にAを入れて火にかけ、沸騰したら火を止めて旨だしを作る。
⑥ ペーパー等で茄子の水分をしっかり拭き取り、皮目を下にして180度の油に入れ、色良く揚げる。唐辛子も素揚げする。
⑦ 熱いうちに茄子を器に盛って唐辛子を添え、熱くした⑤の旨だしを注ぎ、青葱、糸かつおを天盛りにする。

※揚げ立てに熱いだしをかける事がポイントです。

ニシン茄子

〈材料〉4人分

茄子 … 3本

ソフトニシン

… 大2本（約200g）

茹でオクラ … 8本

昆布 … 5cm角1枚

茹で実山椒（P155参照）

… 適量

A | 酒 … 50cc

砂糖 … 大さじ2

B | 濃口醤油 … 小さじ2

たまり醤油 … 大さじ1

C | 濃口醤油・みりん

… 各大さじ1

水 … 200cc

揚げ油 … 適量

〈作り方〉

① ニシンはウロコ、骨、頭、尾、背ビレを取り除いて3～4等分に切り、熱湯で5分茹でてザルに上げる。

② 流水で残っているウロコを取り、昆布を敷いた鍋に重ならないように並べる。

③ かぶるくらいの水を入れて火にかけ、沸騰したらアクを取り、落とし蓋と蓋をして中火弱で30分煮る。

④ Aを入れてアクを取りながら10分煮て、弱火にして実山椒とBを入れ、煮汁が半量になるまで煮詰める。

⑤ 煮詰めた煮汁の半量を別鍋に移し、残った煮汁をスプーンでニシンにかけながらさらに煮詰める。

⑥ 茄子はガクを切り揃え、縦半分に切って皮目に細かく切り目（化粧包丁）を入れる。ペーパー等で水気をしっかり拭き取って、皮目を下にして（皮目から先に油に入れる）素揚げする。

⑦ ⑤で取りおいた別鍋の煮汁にCを入れて火にかけ、沸騰してきたら⑥の茄子の皮目を下にして入れる。中火にして落とし蓋をしてしばらく煮たら火を止め、冷めるまでおく。

⑧ 器にニシンと茄子を盛ってオクラを添え、⑤のニシンの煮汁をかける。

※茄子は冷めるまでおいて味を含ませて下さい。ソフトニシンは干しニシンより扱いやすいのですが日持ちはしません。すぐ使わない場合は冷凍保存して下さい。手早く作りたい時は、市販のニシン甘露煮を使っても。

唐辛子《とうがらし》

京都には数種類の地名のついた唐辛子があります。「鷹峯《たかがみね》唐辛子」、「田中唐辛子」等は最近なかなかお目にかかれませんが、「伏見唐辛子」や大きめの「万願寺《まんがんじ》唐辛子」は、旬の時期には多く出まわっていますね。

私の幼い頃は、上賀茂の農家の人が野菜を大八車にのせ、「ふり売り」という形態で販売に来られていました。唐辛子も山のように積み上げられており、「三握りちょうだい」等と言って母が買い求めていたのを思い出します。唐辛子と言えば、以前は食べると必ず誰かが「辛い」と言い、「大当たり」と笑ったものですが、最近は品種改良が進み、辛いものはほとんどなくなったように思います。

「きごしょの炊いたん」は、葉唐辛子（きごしょ）とじゃこを炊いた、夏の終わりのおばんざいです。

唐辛子と茄子の揚げ煮

〈材料〉４人分

伏見唐辛子…８本
茄子 … ４本
揚げ油 … 適量

A
酒 … 大さじ２
濃口醤油 … 大さじ3と1/2
みりん … 大さじ 1/2
砂糖 … 大さじ１強
だし用削り節…1パック(7g)

〈作り方〉

① 鍋に水 300cc を入れて火にかけ、沸いてきたら A を入れ、再度沸いてきたら火を止める。
② 唐辛子はヘタを落として縦半分に切り、種を取り除いて水洗いする。
③ 茄子はヘタを切り揃えて縦半分に切り、皮目に細かく切り目（化粧包丁）を入れる。
④ 唐辛子と茄子の水分をペーパー等でしっかり拭き取り、180 度の油で素揚げする。
⑤ 油を切り、熱いうちに①の鍋に入れて一度沸騰させた後、鍋ごと氷水に入れて急冷する。
⑥ すっかり冷めたら、冷蔵庫で数時間浸けておく。
⑦ だしパックを除き、器に盛って煮汁をはる。

※唐辛子、茄子を揚げる事により色ツヤが綺麗になり、コクのある煮物に仕上がります。熱い中にそのままおくと変色するので、急冷して変色を防いで下さい。

万願寺唐辛子の鶏ひき肉詰め

〈材料〉４人分

万願寺唐辛子 … ６本
鶏ひき肉 … 300g
炒り胡麻 … 少々
塩 … 少々
おろし生姜 … 10g
薄力粉 … 適量
照り焼きダレ
（P172 参照）… 適量
揚げ油 … 適量

〈作り方〉

① 唐辛子はヘタを切り落として縦半分に切る。
② 種を取り除いて水洗いし、水分をしっかり拭き取る。
③ ボウルに鶏肉、塩、生姜を入れてしっかり練り混ぜる。
④ 唐辛子の内側に薄力粉を軽くつけ、鶏肉を詰めて表面を平らにならす。
⑤ 鶏肉部分に薄力粉を軽くつけて 180 度の油で揚げる。
⑥ 肉の部分にタレを刷毛で塗り、炒り胡麻を散らす。

※多めの油で焼いても良いです。その場合は万願寺唐辛子の方から焼くと水分が出てはがれやすくなるので、肉側から焼いて下さい。

唐辛子とじゃこの炒め煮

〈材料〉4人分
伏見唐辛子 … 20本
じゃこ … 25g
サラダ油 … 大さじ1/2
酒 … 大さじ2
みりん … 大さじ1
濃口醤油 … 大さじ1/2

〈作り方〉
① 唐辛子はヘタを切り落とし、縦に切り目を入れて種を取って綺麗に洗う。水分をしっかり拭き取って、2～3cm長さに切る。
② フライパンにサラダ油を入れ、唐辛子を入れて強火で炒める。
③ 火を弱め、酒とみりんを入れて水分がなくなるまで炒める。
④ じゃこを入れてしばらく炒めたら中火にし、濃口醤油を入れて炒め、全体に混ざれば火を止める。

※じゃこの塩分により、濃口醤油の量は加減して下さい。

きゅうり・瓜《うり》

暑い夏の定番野菜である瓜類。手に入れやすく、食欲が落ちがちな夏には食べやすい食材です。

きゅうりは「きゅうりもみ」にして酢の物で食べるのが、私は好きです。薄く輪切り後に塩をふり、水分が出てきたらさっと水洗いして絞ります。しっかり絞るという事が大切で、握力のない人は和布巾を使用すると良いでしょう。生徒さんが、「きゅうりもみの世界が変わった」なんて言って下さるくらい、パリパリした食感になります。これに好みの食材を合わせて土佐酢をかけいただきます。

京都でも夏にはよく食卓に上がるきゅうりですが、切り口が八坂神社の神紋（五瓜《ごか》に唐花《からはな》）に似ているとの事で、祭に関係する人たちは祇園祭の七月中はきゅうりを食べないという話を聞いた事があります。

射込《いこ》みきゅうり

〈材料〉４人分

きゅうり …２本
大葉 …６枚
細牛蒡（先端部）…6cm×６本

A
昆布 …5cm
甘酢（P172参照）…50cc
たかの爪 …１本

塩 …小さじ１

〈作り方〉

① ボウルにAを入れる。昆布がやわらかくなれば取り出し、できるだけ細く切ってボウルに戻す。
② 牛蒡は土を落とし、皮をこそげないように洗って茹で、①に浸けておく。
③ きゅうりは両端を切り落としてピーラー等で皮を数か所むき、長さ３等分に切る。中心に箸を入れ、回しながら種部分を抜き取る。塩をまぶしてしんなりしたら、水洗いして水分をしっかり絞る。
④ 牛蒡に大葉を巻き、③のきゅうりの抜き穴に詰める。水分をペーパー等で拭き取ってビニール袋に①とともに入れ、重しをして冷蔵庫で半日おく。
⑤ 斜め半分に切り、器に盛る。

※綺麗に仕上げるために、細牛蒡の先端部を使います。残った部分は別の料理に使って下さい。

白瓜旨煮

〈材料〉作りやすい分量

白瓜 …２本
おろし生姜 … 適量
水溶き片栗粉
（片栗粉・水 … 各大さじ３～4）

A
だし …1200cc
酒 … 大さじ３
みりん … 大さじ１
淡口醤油 … 大さじ２
濃口醤油 … 大さじ１
塩 …少々

〈作り方〉

① 白瓜は皮をむき、縦半分に切って種をスプーン等で取り除く。切り口を下にしておき、表面にかのこの切り目（化粧包丁）を入れる。２～3cm幅に切って水に放ち、20分程浸ける。
② 鍋に塩熱湯を沸かして①の白瓜を入れ、やわらかくなるまで茹でて冷水に取り、冷めたら水分を拭き取る。
③ 鍋にAを沸かして②の白瓜を入れ、蓋をして弱火にし、15分煮たら火を止め冷めるまでおく。
④ 食べる直前に火をつけ、沸いたら弱火にして水溶き片栗粉を入れ、とろみをつける。
⑤ 器に盛り、おろし生姜を天盛りにする。

※とろみは食べる直前につけましょう。おろし生姜をたっぷり入れて熱々を召し上がって下さい。

うざく

〈材料〉4人分
きゅうり … 2本
鰻のかば焼き … 8cm
塩 … 小さじ1/2
A
- 甘酢（P172参照）… 大さじ2
- 淡口醤油 … 小さじ2
- だし … 大さじ3〜4

〈作り方〉
① きゅうりは小口より薄い輪切りにし、ボウルに入れて塩を混ぜる。
② しばらくおいて水分が出てきたら、水洗いしてザルに上げ、水気をしっかり絞る。
③ Aを合わせて土佐酢を作り、②のきゅうりを浸して冷蔵庫で冷やしておく。
④ 食べる直前に、小さめに切った鰻のかば焼きを混ぜ合わせ、器に盛る。

※きゅうりは布巾等を使ってしっかり水分を絞り、歯応えを楽しんで下さい。

海《え》老《び》

一般に流通している海老は、ほとんどが表面に薄い氷の保護膜「グレーズ」を施され外国から冷凍品として入り、店頭には解凍品が並びます。求めたら尾の先を切り落とし、中の水分を除いておくと冷蔵庫で二～三日保存できます。

使用前には、片栗粉と塩でもんで汚れを取る下処理をして下さい。再冷凍する場合は、ラップで包むかグレーズにして空気に触れないようにして冷凍庫へ。二～三週間保存できます。

熱を帯びると筋等が縮むので、まっすぐに仕上げたい時は腹と側面に切り込みを入れるか竹串を刺し、「養老煮」にする時はU字形に曲げて調理します。「艶煮」にする際は、塩熱湯でゆがき冷水に落として色止め後、煮汁で少し煮て鍋ごと急冷し「煮浸し」にしておくと、綺麗な色が楽しめます。

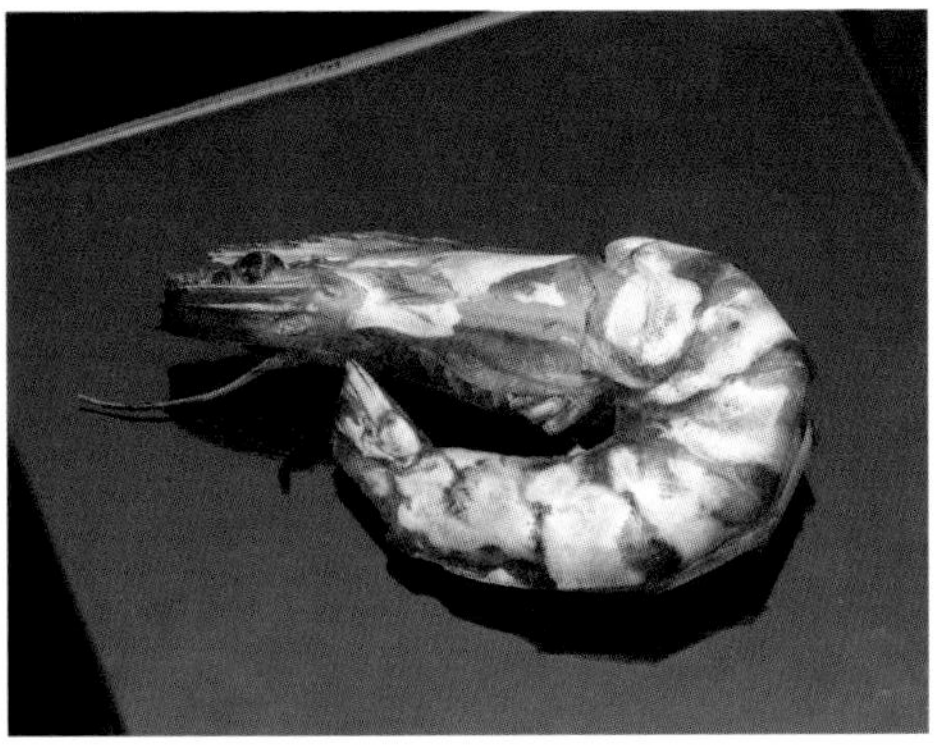

海老の鬼殻焼き

〈材料〉4人分

有頭海老 … 4尾
塩 … 少々
照り焼きダレ
(P172参照) … 適量

A
卵黄 … 1/2個分
照り焼きダレ
… 大さじ1

〈作り方〉

① 海老はハサミで尾先、口上のケン、口ヒゲ先、足を切り揃える。
② 頭と胴のつなぎ目よりハサミを入れ、尾まで背の殻を切る。
③ 包丁で背に切り込みを入れ、背ワタを取り除き、塩と片栗粉少々(ともに分量外)でもんで水洗いする。
④ 水分をペーパー等で拭き取り、塩を軽くふってタレに10分浸け、オーブン(180度・8分)で焼く。
⑤ Aをよく混ぜ合わせ、刷毛で海老に塗り、再びオーブン(180度・1～2分)に入れて乾かす。

※海老の足と尾先は綺麗に切り揃えて下さい。おせちに入れると華やかさを増すのでおすすめです。

煮物椀(海老のしんじょう)

〈材料〉4人分

海老 … 8尾

A
はんぺん … 60g
卵白 … 1/3個
塩 … 少々

だし … 600cc

B
塩 … 小さじ1/3
淡口醤油 … 小さじ1

茹でほうれん草 … 1株
茹でしめじ … 1/6パック
茹で三度豆 … 4本
青柚子の皮 … 少々

〈作り方〉

① 海老は左頁①を参照し処理する。4尾は塩熱湯で3分茹でたら冷水で急冷し、水分を拭き取る。
② 残りの4尾は粗く刻み、半量とAをフードプロセッサーにかけ、なめらかになれば残り半量も混ぜ、小さめの耐熱容器に入れる。蒸気の上がっている蒸し器で10～12分蒸してしんじょうを作り、4等分に切り分ける。
③ ほうれん草は3cm長さに切り、三度豆は2cm程残して縦半分に切り目を入れ、松葉に見立てる。
④ 鍋にだしを入れて火にかけ、沸騰直前にBを入れる。
⑤ 椀に蒸し立てのしんじょう、海老、ほうれん草、しめじ、三度豆を入れ、熱くした④の吸い地を注いで青柚子を添える。

※しんじょうは熱湯にスプーンで落として熱を通し、手軽に仕上げても良いです。

海老せんべい

〈材料〉1枚分
海老 … 1尾
片栗粉
 … 大さじ1と小さじ1/2
三つ葉の葉 … 適量
揚げ油 … 適量

〈作り方〉
① 海老は尾とともに殻をむく。背ワタを取り除き、塩と片栗粉少々（ともに分量外）でもんで水洗いする。
② 水分を拭き取り、包丁でたたいてすり身にする。
③ ①でむいた殻は尾先から5㎝程で切り、尾側を取りおく。
④ ラップを広げ、片栗粉大さじ1/2をふって②のすり身をおき、上から片栗粉大さじ1/2をまぶしてラップをかぶせる。
⑤ めん棒を使って丁寧に少しずつ伸ばし、2㎜くらいの厚さまで伸ばし広げる。
⑥ ラップを外して片栗粉小さじ1/2をまぶし、150度の油でじっくり揚げる。仕上げに火を強めて温度を上げ、カラッとすれば油から引き上げる。③の尾は素揚げし、三つ葉は水溶き片栗粉（分量外）を薄くつけて揚げる。
⑦ 器に海老せんべいを盛り、尾と三つ葉を飾る。

※ラップから外す時、片栗粉が少ないとうまく離れません。パリパリ感をより出したい場合は、揚げた後にオーブントースターで1〜2分乾かし焼きをすると良いでしょう。お好みでレモンと塩を添えても。

秋の暮らしと料理

— 重陽《ちょうよう》の節句 —

「重陽の節句」は五節句（人日《じんじつ》一月七日・上巳《じょうし》三月三日・端午《たんご》五月五日・七夕《しちせき》七月七日・重陽九月九日）の一つで「菊の節句」ともいわれ、お料理屋さんでは菊を浮かべた菊酒や、菊の花に見立ててむいた菊花蓮根等が出てきます。節句のなかでは大切な日なのですが、お雛さん、大将さん、七夕さんのように一般的に知られた祭事はありません。その日に食べるお料理も決まったものはなく、強いていうと栗の季節という事で、教室でも栗ご飯や菊入りのお浸し等を教えています。

子どもの頃は、重陽の節句の時期に菊人形を観に行く事もあり、菊の品評会等も盛んでした。遊びといえば、晴れた日はボール遊びやかくれんぼ、雨が降ると軒下でお手玉やおはじきの時代です。

— むきもの —

菊花蓮根のように、食材を桂むきの技法でかたどっているものを「むきもの」といいます。むきものができるという事は「包丁が使いこなせている、包丁が冴えている」という事になります。お料理屋さんに行き、焼き物等に美しい菊花蓮根が添えてあると、「きっと腕のいい料理人さんやね」と、つい興味深く見てしまいます。実りの秋の食材に、職人技の見事なむきものが添えられたお料理は一層華やかで、私たちの目を楽しませてくれます。

— お月見 —

昔は中秋の名月になると、お月さんにお神酒とお団子、小芋を三方にのせ、ススキや萩の花とともに供えてお月見を楽しみました。私は父から「団子と小芋は月の数やで」と教わったので、毎年十二個ずつ（閏年は十三個ずつ）飾っていました。玄関先からもまん丸の大きなお月さんがよく見え、「いやあ、綺麗。ほんまに兎がお餅つきしているみたいや」と見上げたものです。時々は、下鴨神社のお月見会に主人と出かけ、お月

「焼き椎茸と水菜と菊花の浸し」（レシピ P163）。昔は干し菊を戻して使用していましたが、今は扱いも簡単な食用生菊（ガクと芯は手で取り除いておく）を使っています。菊花を入れると、お料理が一段と秋らしくなります。

見をする事もありました。

　お月見のお団子といえば丸いものが定番ですが、京都のおまんじゅう屋さんで売っているものは、多くが円錐形をしています。芋名月にちなみ、土つきの里芋を表しているそうです。若い頃、実家のおまんじゅう屋には、月が出てから慌ててお団子を買いに来るお客様がたくさんあり、遅くまで手伝いをしていてお友達とお月見に行けず、がっかりしたものです。

　満月を見て父が、「本当の名月は満月の前後や。人間も少し欠けている方がええんや。そやけど〝佳子は欠け過ぎや〟」と笑っていたのを懐かしく思い出します。

　この頃教室では、満月を想定して卵豆腐を丸くくり抜き、小豆と枝豆で萩に、三度豆の先をさいてススキに見立て、青柚子を添えた煮物椀を教えます。暑かった夏休み明けの教室に、「もう秋やね」の声が響きます。

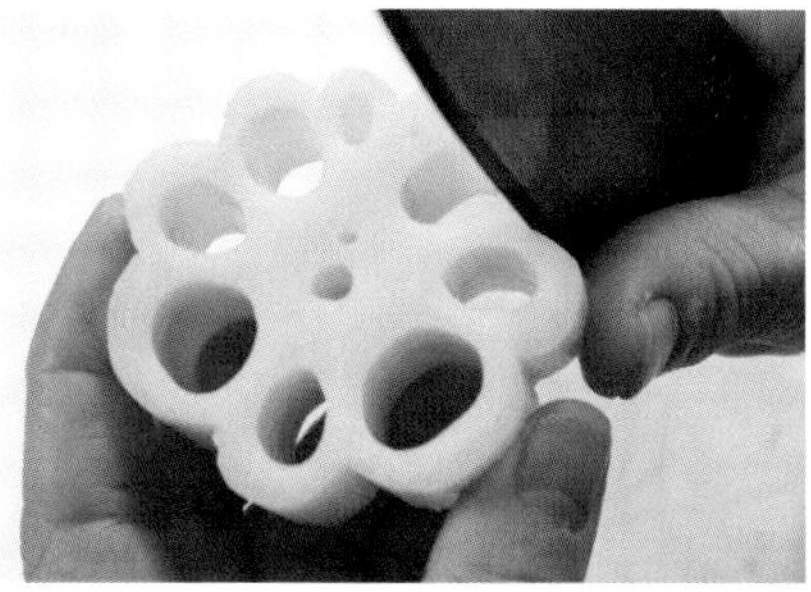

菊花蓮根。桂むきの要領で包丁をすべらせながらむいて（切って）菊花にかたどっていきます。

京都のおまんじゅう屋さんでよく目にする月見団子。里芋の形に模した月（お団子）に雲（あん）がかかっているようにも見えます。

「煮物碗（月卵豆腐・萩仕立て）」（レシピP163）。月卵豆腐も器もそれぞれ温めておき、器のふちから静かに熱い吸い地をはります。

写真上：題目「羽衣《はごろも》」を面をつけ舞っておられる、観世流能楽師シテ方 浦田保利先生（撮影／牛窓正勝）。写真下：舞囃子《まいばやし》を舞っておられる浦田先生。御縁があったおかげで、父とともに過ごす時間も多く作れたと感謝しています。

― 伝統芸能（謡《うたい》）―

私は時々、京都市内の河原町今出川にある「御料理　はやし」に寄せてもらいます。大将の林さんのお料理は京料理の真髄を極め、いただくたびに心が和み、とても勉強になります。

香が焚かれ、謡が流れる店内。席に着き、今日はどんなお料理が出てくるのだろうとわくわくするこの時間がとても好きです。食前酒とともに一口のお料理の後、寒い日には器まで温められた先付に始まり、素敵な器に盛られた美味しいお料理が次々に出てきます。お客様の事を考えている大将の心が伝わってきます。

謡を聞くと、父を思い出します。私が幼い頃、父は謡を長い期間習っており、その頃はCDどころかテープレコーダーもままならない時代でしたので、父は習ったものを丸暗記していました。時にはおまんじゅうを丸めながら、時には大きな鍋であんを混ぜ炊きながら、よく謡っていましたので、それを聴きながら私は育ちました。

ある時から、私たち娘や甥を集めて父が謡を教えてくれるようになったのですが、若い者には難し過ぎると、一人辞め、二人辞め、結局最後は従兄と私だけに。二人で「どうやって辞める……。言い出しにくいなあ」と困ってしまった記憶があります。

それが、父の晩年の事、私の娘をはじめ孫の結婚式に一緒に謡って欲しいと父に頼まれ、初めて謡の大先生である「浦《うら》田《た》保利《やすとし》先生」に教えていただく事になりました。

伝統芸能、特に能や謡は敷居が高いと思われがちです。私もそのように思っていましたが、浦田先生に優しく楽しく教えていただき、誰でも習って楽しめるものだと実感しました。習って家へ帰り、録音してきたテープを聴きながら正座をして謡うと身が引き締まり、家事ごとを忘れ、しばしその世界に没頭したものです。そして数年経つと父のように、お料理を作りながら、お掃除をしながら、私も気軽に謡って楽しむようになりました。

「高砂ごやーこのうら舟にー帆をあげーてー、月もろともにいでしおのー……」。この謡はいろいろな説があるようですが、〝兵庫県高砂から帆をあげて出発し、瀬戸内海を東へ、そして大阪住吉（すみよいところ＝幸せになる地）に着きました〟という、夫婦和合、国平安、長寿を表す世阿弥の名作です。おめでたいという事で、結婚式があるたびに父と私はよく謡い、若い二人の門出を祝いました。

　京都ではこのように、能やお茶、お花、踊り等、伝統芸能の精神が脈々と流れ、継がれています。生徒さんにもこれらの伝統芸能を習っている方がおられ、なかには師範になられている方もいます。

―紫ずきん―

　若い頃、秋になると決まって父に「錦（錦市場）まで、根のついた枝豆を買いに行って来て」と言われました。当時は何も考えずに買いに行っていましたが、それが後に丹波の黒大豆の若枝（枝豆）だと知りました。丹波の黒大豆の若枝は改良が重ねられ、約二十五年前に「紫ずきん」と名づけられ、ブランド産品の仲間入りをしました。薄皮がうっすら紫色で、豆の形が頭巾に似ている事から命名されたそうです。豆の部分が顔で、紫の皮がちょこんとのって頭巾をかぶっているようにも見えます。いつも半分薄皮をむきながら、「かわいい！」と、つい独り言を言ってしまいます。甘味があって、むっちりとした食感。茹で汁が紫色になるので、すぐに普通の枝豆と区別がつきます。

　秋が深まると、ゆっくり熟成した黒豆（黒大豆）の出番です。大粒の黒豆がふっくら炊き上がるとまるでぶどうのようなので、「ぶどう豆」とも呼ばれています。毎年おせちの講習時には、このぶどう豆の炊き方を教えます。

紫ずきんは普通の枝豆の1.5倍程長めにゆがくと、美味しくいただけます。

「紫ずきんととうもろこしのかき揚げ」（レシピP164）。枝豆の甘皮（薄皮）は生だと外しにくいので、ゆがいてから除いて下さい。甘皮をむいてから用いると、色合いも味も格段に良くなります。

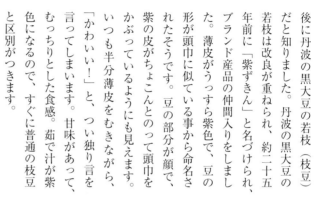

— 時代祭 —

京都三大祭の最後を飾る時代祭では、毎年十月二十二日に時代行列が行われます。平安神宮の創建と平安遷都千百年を祝うために明治二十八年に始まった平安神宮の例祭で、「ピーヒャラ、ピッピッピッ」と奏でる鼓笛隊を先頭に、明治維新から延暦時代まで歴史を遡《さかのぼ》りながら、時代ごとの装束を身にまとった約二千人の市民が練り歩きます。見所は、一人ひとりの衣装や祭具類が有職故実《ゆうそくこじつ》の専門家の時代考証に基づき、限りなく忠実に復元されているところ。そして何より、多くの市民が参加する事がこのお祭の特徴で、生徒さんからもご家族が出られるというお話をよく聞きます。知っている方を行列のなかに見つけるのは楽しいものです。

この日の夜は鞍馬《くらま》の火祭も行われます。鞍馬寺参道にある由岐《ゆき》神社の例祭で、ひっそりしていた山里が真っ赤な松明《たいまつ》に包まれます。

時代装束をまとい、京都御苑から出発する時代祭の参加者たち。
平安神宮を目指し、長い行列が京の街中を練り歩きます。

— 鯖寿司 —

京都では、春秋のお祭りといえば「鯖寿司」。昔はお祭りのたびに各家庭で作ったもので、私もたくさん作っては親戚や知り合いに配っていました。

鯖寿司はびっくりするくらい好きな人が多く、教室でも教えて欲しいという希望者が多いメニューです。最近の講習では、小さな鯖寿司を一本ずつ、自分の分は自分で作り持ち帰ってもらっています。お店のものも美味しいですが、自分で作る鯖寿司はまた格別です。

「鯖寿司」（レシピP164）。持ち帰った生徒さんから、「美味しい美味しいと言いながら、家族みんなで食べました」等の報告をいただくと何ともうれしく、思わず笑みがこぼれます。

— お火焚《ひたき》祭とお供え三種 —

十一月に入ると、火難から逃れ家内安全を火の神様に感謝する

「お火焚き」というお祭りがあります。その年に穫れた穀物を神様に捧げる収穫祭で、五穀豊穣を感謝し、火を焚く事で厳しい冬に向けて火の恩恵にも感謝を捧げます。

下鴨神社の摂社「出雲井於神《いづもいのへのじん》社《じゃ》」（比良木社《ひらきしゃ》）でも毎年十一月下旬、御社殿に地元の方々が奉納された穀物やお野菜をお祀りします。笛が鳴り太鼓が打たれ、雅楽が厳かに始まります。祝詞《のりと》の奏上が奉納され、神職が玉串を捧げ二礼二拍手一礼後、井桁《いげた》に組まれた薪に火をつけます。

お火焚祭が終わると、お下がりとして「三角形のおこし、お火焚きまんじゅう、みかん」をいただきます。おこしはその年の新米で作ったもので、三角形で火の形を表しています。お火焚きまんじゅうは上用まんじゅうではなくシンプルなふかしまんじゅうで、大きな火焔宝珠《かえんほうじゅ》（火のマーク）の焼き印が押されています。私も若い頃、実家のおまんじゅう屋で焼き印を押すのを手伝っていました。ジューンと皮が焼ける音とともに甘い香りが広がったのを覚えています。みかんは、火床に入れて焼きみかんにして食べると風邪をひかないといわれています。

このお火焚祭は、町のほこらや小さな神社でも行われ、昔は火を扱っている商家でも行われていました。実家でも父がおまんじゅうを蒸す釜の上に板を置き、お鏡餅と塩、三種のお供え物を供え、柏《かしわ》手《て》を打ち、厳かに頭を下げて拝んでいました。終わると、父が「おこしを先に食べたら、みかんがすっぱなるで」と言いながら、広げた小さい手いっぱいに、たくさんのお下がりをのせてくれました。これがお火焚祭であったと知ったのは、随分後の事です。このように脈々と受け継がれてきた神事、仏事を、次世代に語り継いでいけたらと願っています。

―吹き寄せ―

秋も深まると、家の前にある街

写真右：下鴨神社で行われるお火焚祭。京都では「おしたき」と呼ぶ方も多いです。写真左上：比良木社の御社殿。お火焚祭に氏子さんたちが奉納された穀物やお野菜をお祀りしています。写真左下：幼い頃に楽しみにしていた、お供え物のお下がり。

「秋の吹き寄せ」。他はバランスを見つつ無造作に散らしながら
盛りつけていきます。

路樹のイチョウの葉が、掃いても掃いても次々に舞い落ちてきます。

「秋の吹き寄せ」は、木の葉が風に吹かれ集まり散っていく風情を、紅葉麩や栗等で表し、彩り良く盛り合わせたものです。教室でもこの時期は吹き寄せをよくします。下鴨神社を散策しながら、吹き寄せに添える綺麗な葉を探すのは毎年の楽しみであり、決まってある恩師を思い出すひと時でもあります。かつて二十年間、西洋料理、中華料理をご指導いただいた、神戸の梅垣道《うめがきみち》子《こ》先生の事です。

盛りつけの巧みさ、器と料理のバランス、主の料理と添えの料理の色合いや見せ方……。大好きだった梅垣先生のお料理は、美味しくてセンスがあり、それにも増して心があり、よばれると（いただくと）不思議と心穏やかになりました。目を肥やし感性を養う機会となり、私自身の料理にも影響を与えてくれた数々のお料理。まだまだ先生の足元にも及びませんが、常に「お料理は愛情たっぷりの芸術。器もお料理に合うものに盛って教えなさい」とおっしゃって下さった事を、忘れないように胸に刻んでいたいと思っています。

―器選び―

お料理は、盛りつけ方もさる事ながら、器によって映え方が全く変わってくるもの。同じお料理をいろいろな器に盛ってみると、その違いはよく分かります。私はお料理屋さんへ行く時はいつも、お料理の味わいはもちろんですが、器との兼ね合いまでしっかり拝見

陶芸を習っていた若い頃に作った器の数々。思い描いたものにならない事も多々あり、色や形を計算し尽くした陶芸家の方々の技術の高さに改めて敬意を抱いたものです。

し、勉強するよう心掛けています。

教室でも、選んだ器にお料理がぴたりと合うと、何とも言えない幸せを感じます。今や多種多様に集まった器たちは、私の宝物です。

―温度卵―

卵の白身がやわらかく固まり、黄身の中心がとろっとしている状態の茹で卵を、私は「温度卵」と呼び、吹き寄せにもよく盛り合わせます。殻をむいて半分に切り、卵黄に醤油を一、二滴落とすと美味しく、常温にさえ戻しておけばすぐに作れるので朝食にもよく作っています。殻をむき、ビニール袋に醤油ダレとともに入れて浸けておくと、味はどんどん濃くなりますが二～三日は保存できます（時々混ぜると均一に味がなじむ）。ラーメン等に添えるのもおすすめですね。

温度卵の作り方

〈材料〉卵Ｍサイズ…５～６個

① 卵は常温に戻しておく。
② たっぷりの湯を沸騰させておく。
③ 卵を鍋に並べ、鍋肌より②の熱湯をたっぷり入れる。
④ ゆっくりかき混ぜながら火をつけ、90～95度を保ちながら７分前後茹でる。
⑤ ④の卵を取り出し流水で粗熱を取った後、殻に少し亀裂をつけてたっぷりの氷水に入れ、中心が冷たくなるまで冷やす。
⑥ 全体に細かい亀裂を入れ、殻をむいて半分に切る。

※氷水に浸す事により、亀裂から冷水が入って中身が縮むので、殻と中身の間にすき間ができてむきやすくなります。

―柚子―

木枯らしが吹く頃になると、黄柚子が出まわります。良い香りのする皮は煮物椀の吸い口として使う他、おろして炊き合わせや和え物に散らしたり、味噌に練り込んで「柚子味噌」に用いたりします。柚子皮をおろす時には、セラミックや陶器ではなく、鋭利な刃のおろし金を使って下さい。おろしたものをお料理に直接散らす場合は、古くなった茶筅《ちゃせん》や、竹串を数本束ねて活用すると良いでしょう。

京都市右京区の山間にある「水尾」は柚子の産地です。鎌倉時代にこの地に柚子が植えられた事が始まりだそうです。子どもの頃、両親とともに水尾に出かけ、一面に柚子が浮かぶ「柚子風呂」に入った記憶があります。毎年寒くなると思い出し、冬至には家のお風呂に柚子を浮かべて、ゆっくりとつかります。

柚子は春過ぎに白い花をつけ、初夏に小さな青柚子が実り、秋から十二月半ばには大きな黄柚子になります。

煮物椀の柚子は、お汁の味わいや香りを高める吸い口の役目を担います。皮の白いワタの部分を取り除き、黄色い皮部分を松葉形や正方形にかたどって「松葉柚子」、「色紙《しきし》柚子」、「あられ柚子」等にして椀に添えます。

さんま

夏、オホーツク海あたりを回遊し、北海道に近づき漁獲されたものが「新さんま」として市場に出まわります。その後南下して脂がのり、手に入りやすくなります。

目が綺麗でクチバシが黄色く、背が濃紺で腹が銀色に輝いているものがおすすめです。小さくても背も腹もこんもり盛り上がり、太っているものが良いでしょう。

内臓を取り出した後、中骨に添った血袋を竹串等でかき切って水洗いして下さい。おろす場合は、細長い形状ゆえに、さよりや小あじと同様に「大名おろし」が向いています。頭を落とし内臓を綺麗にしたら横向きに置き、肩口から尾に向かって骨の上に包丁を入れ、身を外します。裏も同様にして身を外し、腹骨と血合骨を除きます。

さんまのかば焼き

〈材料〉4人分

さんま … 2尾
塩 … 適量
照り焼きダレ（P172参照）
… 大さじ3〜4
サラダ油 … 適量

〈作り方〉

① さんまは洗って頭を切り落とす。腹を開いて内臓を取り出し、血合い部分も竹串等でひっかいて血を出し、綺麗に水洗いする。
② 肩口から包丁を入れ、中骨に沿って尾の方へ切り進めて身を切り離し、反対側も同じようにして骨から身を切り離す（大名おろし）。
③ 塩をふって5分おき、出てきた水分をペーパー等で拭き取って食べやすい大きさに切る。
④ 油をひいたフライパンで身側より焼き、焼き色がつけば返して皮目も色良く焼き、火を止めて取り出す。
⑤ フライパンに残っている脂を綺麗に拭き取ってタレを入れ、さんまを戻して弱火をつけ、返しながら煮絡める。
⑥ 器に盛り、フライパンに残ったタレをかける。

※さんまは焼いた後に一度取り出し、フライパンを綺麗にして脂等の臭みを取り除きます。急な蒸発を避けるため、タレとさんまを入れてから火をつけ、タレを絡ませて下さい。

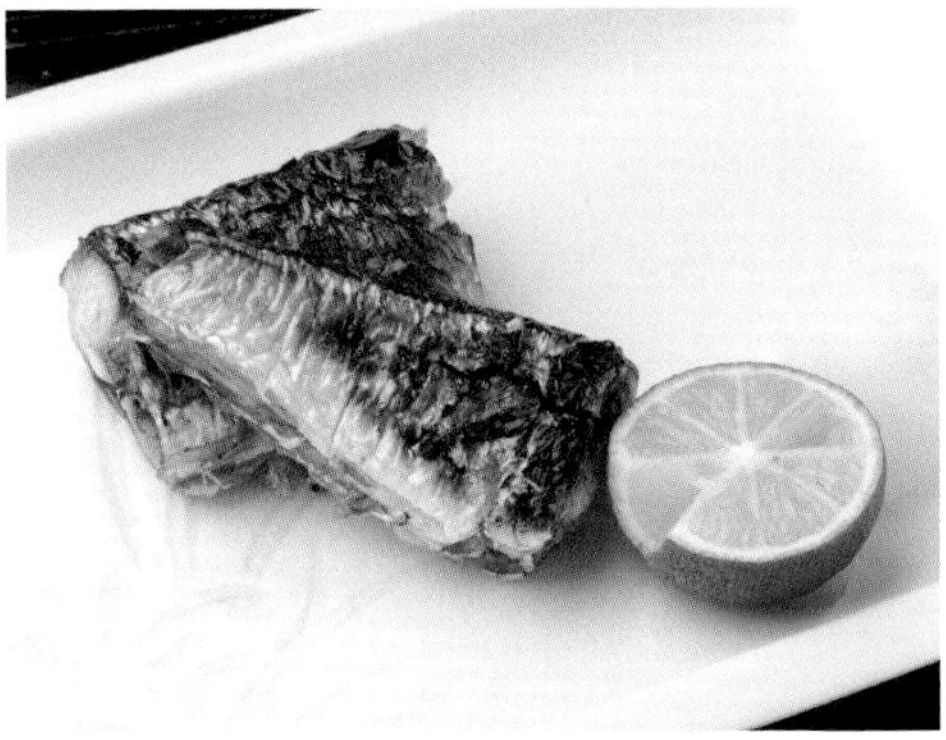

さんまの塩焼き

〈材料〉4人分

さんま … 4尾
塩 … 適量
大根おろし … 適量
すだち … 2個

〈作り方〉

① さんまは洗って頭と尾を切り落とし、2〜3切れに切る。
② 内臓を取り除き、血合い部分も竹串等でひっかいて血を出し、綺麗に水洗いする。
③ ペーパー等で水分を拭き取り、両面に塩をふる。
④ しばらくおき、出てきた水分をペーパー等で拭き取り、もう一度軽く塩をふる。
⑤ グリルで良い色になるように両面を焼き、熱いうちに切り口を上にしてピンセット等で中骨をつまんで抜き取る。
⑥ 器に盛り、大根おろしとすだちを添える。

※生臭さを取り除くために、血合部分を綺麗に処理する事がポイントです。中骨を抜き取る時は、頭側の切り口から引っ張ると抜きやすいです。

さんまの土佐煮

〈材料〉作りやすい分量

さんま … 10尾

花かつお … 適量

A
- 生姜の薄切り … 1片分
- 酒 … 100cc
- 酢 … 200cc
- 濃口醤油 … 60cc
- 砂糖 … 60g

〈作り方〉

① さんまは頭と尾を切り落として内臓を取り除き、水洗いして3～4cm幅に切る。

② 残っている内臓を取り除き、血合い部分も竹串等でひっかいて血を出し、綺麗に水洗いする。

③ 鍋に3%塩水を作り、さんまを入れて10分経てば塩水を捨てる。

④ さんまにかぶるくらいの熱湯を鍋肌より静かに注ぎ、10分おいて湯を捨てる。この作業を2～3回繰り返す。

⑤ 再びかぶるくらいの熱湯を入れて火にかけ、沸騰したらアクを取りAを入れて落とし蓋と蓋をし、煮汁がさんまの2～3cm上にあるように湯を足しながら煮る。

⑥ 骨がすっかりやわらかくなるまで1時間程煮たら、蓋を取って煮汁がほとんどなくなるまで煮詰める（煮詰める前に骨までやわらかくなっているか、味見をして確認を）。

⑦ 網に並べてしばらくおき、余分な汁や脂を落とす。表面が少し乾燥したら、花かつおをまぶし器に盛る。

※塩水に浸けて臭みを取り、さらに熱湯に浸けて一気に霜降りしてアクや臭みを取り除きます。仕上がりに差が出るので、手間ですが工程通りに進めて下さい。たくさん炊いて、冷凍保存も可能です。蓋の上に重しをおいて煮ると圧力がかかり、煮る時間が短縮できます。

鮭《さけ》

秋になると銀色から婚姻色（ぶな色）になり、産卵のため生まれた川に帰って来る鮭。遡上《そじょう》する際に沿岸や河口に寄って来たものが「秋鮭（生鮭）」です。竜田揚げやホイル焼き等、お好みで調味して味わって下さい。一方「塩鮭」は塩が施されており、そのまま焼き物にでき便利です。塩鮭に記載されている甘口・中辛・辛口は、塩分濃度の違いです。塩辛い場合は薄い塩水にしばらく浸けて、塩気を少し抜くと良いでしょう。

鮭の卵巣（すじこ）を一粒ずつばらしたものが「いくら」です。家でいくらにする時は、すじこを三十度の湯に浸けてばらし、冷水に移して何度か水を替えながら一粒ずつ血筋や皮等を取り除いたら塩水に入れます。オレンジ色に光るまで数分浸した後、水気をしっかり切って用いて下さい。

サーモン酢締め

〈材料〉4人分

サーモンブロック（刺身用）… 200g
塩 … 8g
赤ザラメ … 13～14g
ケイパー … 適量
A｜甘酢 … 大さじ1/3
　｜レモン汁 … 大さじ1/3

〈作り方〉

① サーモンは塩と赤ザラメを塗りつけ、時々表裏を返して冷蔵庫に半～1日おく。
② さっと水洗いしてペーパー等で水分をしっかり拭き取る。
③ Aをふりかけ、冷蔵庫で数時間冷やしておく。
④ ペーパー等で水分を拭き取り、そぎ切りにして器に盛りつけ、好みでケイパーを散らす。

※冷凍保存ができます。薄く切りたい場合は、冷凍したものを少し解凍した状態にすると切りやすいです。

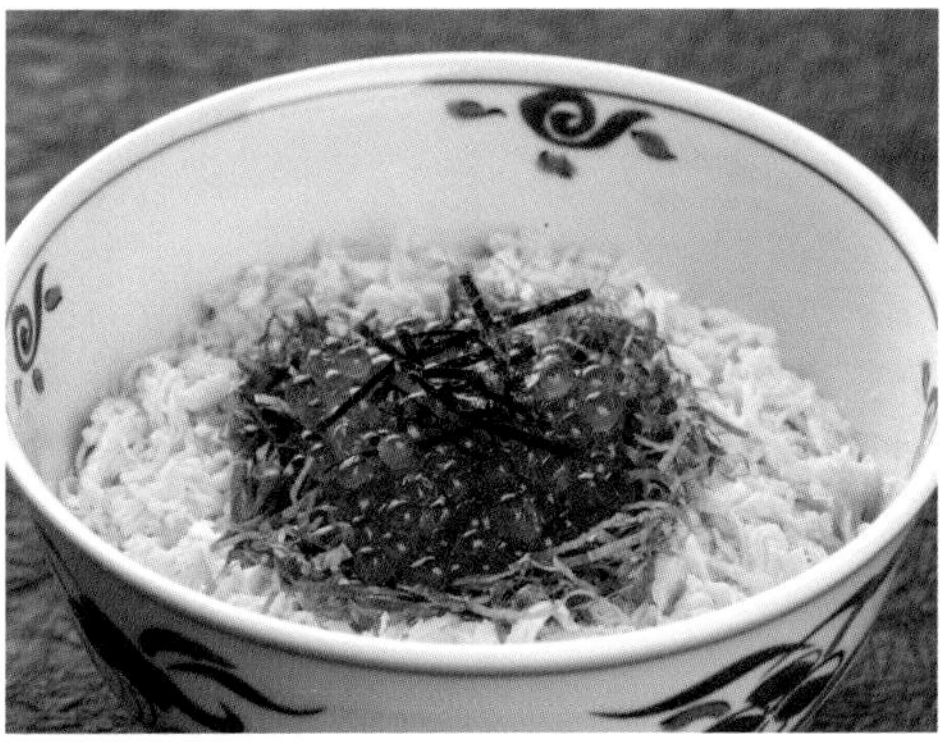

いくら丼

〈材料〉4人分

ご飯 … 2合分
生いくら … 150～200g
卵 … 3個
塩 … 少々
サラダ油 … 適量
大葉 … 4枚
糸海苔 … 適量
A｜酒 … 100cc
　｜みりん … 大さじ2強
B｜濃口醤油・淡口醤油 … 各大さじ2強
　｜だし用削り節 … 1パック（7g）

〈作り方〉

① 鍋にAを入れて火にかけ、アルコールが飛んだらBを入れ、1分経ったら火を止める。冷めたらだしパックを軽く絞って取り除く。
② ①の半量にいくらを入れ、1～2時間浸ける。
③ ボウルに卵を割りほぐして塩を混ぜ、熱した卵焼き器に薄く油をひいて流し入れて焼き、薄焼き卵を6～7枚作る。なるべく細くせん切りにし、錦糸卵を作る。
④ 大葉はせん切りにして水に放ち、ザルに上げて水気を切っておく。
⑤ 器にご飯をよそって①の残りを好み分だけまわしかけ、錦糸卵と大葉を敷く。②のいくらの汁気を切ってのせ、糸海苔を天盛りにする。

※市販の味つけいくらを使う場合は、工程②は不要です。

鮭の味噌漬け焼き

〈材料〉4人分
生鮭（秋鮭）… 300g
塩 … 適量
茗荷の甘酢漬け … 2本
A　白粒味噌 … 150 ～ 200g
　　みりん … 大さじ3

〈作り方〉

① Aを混ぜ合わせ、味噌地を作っておく。
② 生鮭は好みの大きさに切って中骨を取り除き、両面に塩をふってしばらくおく。
③ 出てきた水分をペーパー等で拭き取り、①の味噌地に浸けて冷蔵庫で1日おく。
④ 味噌地から取り出して味噌を拭き取り（少しだけ取りおく）、グリルで焦がさないように両面を焼く。仕上げに取りおいた味噌少々を上面に塗り、味噌に軽く焦げ目がつくまで焼く。
⑤ 器に盛り、茗荷の甘酢漬けを添える。

※冷蔵庫で2～3日漬け込む場合は、しっかり味がついているので仕上げの味噌は塗らずにそのまま焼いて下さい。冷凍保存する時は、漬け込んだ後に味噌を取り除いて冷凍し、いただく時は自然解凍してから焼いて下さい。鰆、銀だら、ぶり、鯛等どれも同じ方法でできます。

きのこ

店頭でよく見るしめじ、椎茸、舞茸、えのき茸等は、栽培物がほとんどです。「香り松茸、味しめじ」といわれるしめじは「本しめじ」を指し、市販で手に入りやすいものは「ぶなしめじ」です。本しめじはそのぷっくりした白い軸が七福神の大黒様のお腹に見立てられ、「大黒しめじ」とも呼ばれます。希少なきのこでしたが、近年に人工栽培が盛んになり、店頭でもよく見かけるようになりました。

舞茸は天ぷら、椎茸はシンプルに直火焼きが私の好みです。椎茸から出てくる汁をこぼさないよう焼くコツは、先に笠裏を下にしてさっと焼く事。返すと笠の部分がお椀状になるためそこに汁が溜まり、冷めたら内部に吸収されます。

お鍋でおなじみのえのき茸は、ご飯やお酒のお供にぴったりの美味しい佃煮も手軽に作れます。

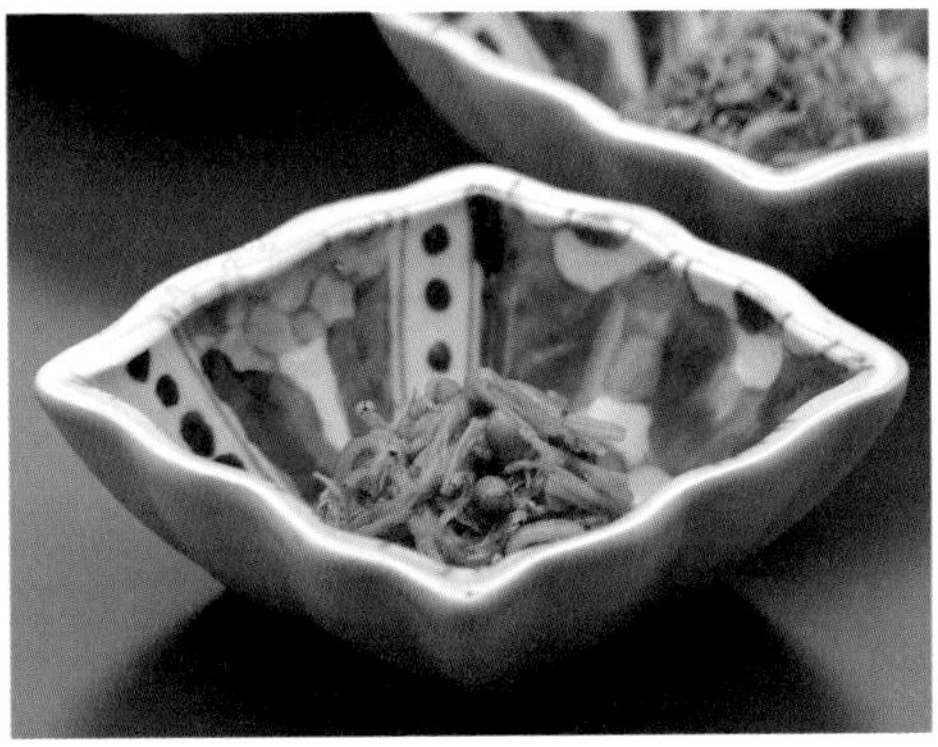

えのき茸とじゃこの佃煮

〈材料〉作りやすい分量

えのき茸 … 400g
A
- 酒 … 50cc
- 濃口醤油 … 大さじ2
- みりん … 大さじ1

実山椒 … 適量

じゃこ … 50g
B
- 酒 … 100cc
- 濃口醤油 … 大さじ2
- 砂糖 … 大さじ1と1/2

〈作り方〉

① えのき茸は石突きを切り落とし、しっかりほぐして2cm長さに切る。

② 鍋にAを入れて火にかけ、沸騰したら中火にし、えのき茸を少しずつ入れて混ぜる。沸騰してきたら中火弱にし、アクを取りながら5～6分煮て火を止める。

③ 別鍋にBを入れて沸かし、半量くらいに煮詰まったら中火にする。じゃこを入れ、混ぜながら煮汁がなくなるまで煮る。

④ えのき茸の鍋にじゃこを入れて混ぜ合わせ、実山椒を入れてひと煮立ちしたら火を止める。

※えのき茸は1本ずつになるよう、しっかりほぐしておいて下さい。えのき茸とじゃこそれぞれの持ち味を引き出すために別々に煮ましょう。

焼きしめじ入り炊き込みご飯

〈材料〉4人分

米 … 2合
牛蒡・人参 … 各30g
酢 … 少々
油揚げ … 30g
こんにゃく … 40g
しめじ … 100～150g

三つ葉の軸 … 2～3本
だし … 約450cc
A
- 酒 … 大さじ1と1/3
- 淡口醤油 … 小さじ2弱
- 濃口醤油 … 小さじ2弱
- 塩 … 小さじ1/2強(3g)
- みりん … 小さじ2

〈作り方〉

① 米は洗ってザルに上げ、30分程おく。

② 牛蒡はささがきにして細かく切り、酢水にさっと浸けたらザルに上げ、水分を切る。

③ 人参は皮をむき、こんにゃくは塩もみ後洗って茹で、それぞれ米粒大に切る。油揚げも米粒大に切ってペーパー等に包み、油を拭き取る。

④ しめじは大きめの房に分けて直火で焼き、石突きを切り落として1本ずつにほぐす。

⑤ 炊飯釜に米を入れ、だしを2合ラインまで入れる。Aを入れて混ぜ、②～④も入れて混ぜたら炊く。炊き上がったら軽く混ぜ合わせて器に盛り、細かく切った三つ葉の軸を添える。

※しめじを焼く事により香ばしさが出ます。直火で焼けない場合は、グリル又はトースターで焼き色をつけて下さい。

土瓶蒸し風碗

〈材料〉4人分
松茸 … 30〜40g
鱧の落とし … 2cm×8切れ
水菜 … 1/4株
すだち … 1個
だし … 600cc
A | 塩 … 小さじ1/2弱
みりん … 小さじ2弱
淡口醤油 … 小さじ1
酒 … 少々

〈作り方〉
① 松茸は石突きの汚れ部分を薄く削り取り、かた絞りの布巾で全体の汚れを綺麗に拭き取る。
② 軸部分は長いものは3〜4cm長さに切り、厚さ3〜5㎜の薄切りにする。
③ 笠部分は3〜5㎜の薄切りに、または笠が大きければ放射状に薄く切る。
④ 水菜は綺麗に洗って2〜3cm長さに切る。
⑤ 鍋にだしを入れて火にかけ、沸騰直前にAを入れて火を止める。
⑥ 器に松茸、鱧の落とし、水菜を入れて⑤のだしを注ぎ、ラップをして蒸気の上がった蒸し器で15分蒸す。
⑦ ラップを外し、すだちの搾り汁を入れる。

※土瓶を使用しない方法です。蒸し器がない場合は、電子レンジで温めても良いでしょう。

鯖《さば》

日本近海に広く分布している回遊魚で、一般的に流通しているのは次の二種類です。「真鯖《まさば》」は背部が青緑色で特有の「く」の字に似た斑紋《はんもん》があり、春〜夏に産卵を終え次の産卵のため脂がのる秋鯖が有名です。「ゴマ鯖」は胡麻を散らしたような斑があり、脂肪分が少なく鯖節の原料になる方が多いのですが、真鯖が味、量ともに落ちる夏の期間においては担い手となります。

「鯖の生き腐れ」という言葉があるように、鮮度が落ちやすい魚です。市販では「生鯖」と「塩鯖」があり、鯖寿しにする時は、新鮮な生鯖か鯖寿司用の塩鯖を求めて下さい。

魚の三枚おろしを練習するにあたっては、鯖がおすすめです（P169参照）。調理師専門学校での三枚おろしの練習も鯖でした。

鯖の竜田揚げ

〈材料〉4人分

鯖 … 中2尾
塩 … 適量
片栗粉 … 適量
大根おろし … 適量
すだち … 2個
A｜濃口醤油・みりん … 各50cc
　｜生姜汁 … 少々
揚げ油 … 適量

〈作り方〉

① 鯖は水洗いして頭を切り落とし、内臓を取り除いて綺麗に洗う。三枚におろして中骨・腹骨を取り除き（P169参照）、3〜4等分に切る。
② 両面に軽く塩をふってしばらくおき、出てきた水分をペーパー等で拭き取る。
③ ボウルにAを入れ混ぜ、鯖を入れて時々返しながら15〜20分浸けておく。
④ ペーパー等で水分を拭き取り、片栗粉をまぶして余分な粉をはたき落とす。
⑤ 170度の油で焦げないように揚げ、器に盛る。
⑥ 大根おろしと半分に切ったすだちを添える。

※浸ける時間が長くなると味が濃くなり過ぎるので、記載時間が過ぎたら取り出して下さい。お好みでポン酢を添えても。

鯖の味噌煮

〈材料〉4人分

鯖 … 大1尾（400g前後）
生姜の薄切り … 20g
生姜のせん切り … 20g
赤だし味噌 … 30g
砂糖 … 大さじ2
濃口醤油 … 大さじ1
酒 … 50cc

〈作り方〉

① 鯖は水洗いして頭を切り落とし、内臓を取り除いて綺麗に洗い4等分に輪切りする。
② 塩熱湯に入れて10〜15秒経てば取り出し、すぐに冷水に落とす（霜降り）。冷めれば水分をペーパー等で取り除く。
③ 鍋に生姜の薄切りを散らし、切り口を上にして鯖を並べ、酒をふりかけて10分おく。
④ 鯖がしっかり浸かるくらいの熱湯を静かに注ぎ、火にかけて沸騰したらアクを取る。
⑤ 弱火にし、砂糖を入れて5分経てば濃口醤油を入れ、落とし蓋と蓋をして10分煮る。
⑥ 蓋を取って煮汁が半量になるまで煮詰めたら、味噌を入れてとろみとツヤが出るまで煮る。
⑦ 器に盛り、生姜のせん切りを天盛りにする。

※味噌を入れる時は、少量の煮汁で溶いてから入れると溶けやすいです。筒切りにして赤だし味噌で作るのが我が家風。お好みの味噌や切り身を使ってご家庭の味をお楽しみ下さい。

鯖のみりん干し

〈材料〉4人分
鯖 … 中2尾
塩 … 適量
炒り胡麻 … 適量
A | 濃口醤油 … 大さじ2
  | みりん … 大さじ2

〈作り方〉

① 鯖は水洗いして頭を切り落とし、内臓を取り除いて綺麗に洗う。三枚におろして腹骨・血合い骨を取り除き（P169参照）、両面に塩を軽くふって10分程おく。
② 出てきた水分をペーパー等で拭き取ってバットに並べ、Aを混ぜ合わせて入れ、時々返しながら15～20分浸ける。
③ 水分を拭き取り、身側を上にしてザルに並べ、胡麻をふってラップをかけずに冷蔵庫に半～1日入れて乾かす。
④ オーブン（180度・15分以上）またはグリルで焼き、食べやすい大きさに切り分けて器に盛る（写真手前）。オーブンで焼かず、食べやすい大きさに切って片栗粉適量（分量外）をまぶし、170度の油で揚げても良い（写真奥）。

※ひと手間加えて干すと生とは違う美味しさになります。三枚おろしができない時はお魚屋さんに頼み、腹骨、血合い骨も取ってもらって下さい。

栗《くり》・銀杏《ぎんなん》

丹波地方の栗は大粒で最高級品。甘さに豊み、教室でも毎年取り寄せています。若い頃、私の実家では、栗まんじゅうや赤飯用に、家族で夜遅くまで多量の栗の皮むきをしていました。栗はしばらく水に浸けてふやかし、座（底の部分）に包丁の刃元を突き刺して先端に向かって鬼皮をむいていきます。再び水に浸けてふやかし、十個程ずつ金ザルに入れて網目にこすりつけながら渋をこそげ取ります。この方法だと、比較的楽に鬼皮・渋が取り除けます。

銀杏はお料理屋さんでは珍重される食材で、葉も実も青い時期に収穫したものは綺麗な翡翠色に仕上がります。殻は銀杏割り器等で割って除きましょう。少量の湯か油（低温）に入れて穴あきお玉の底でこするように混ぜると、渋皮がはがれていきます。

翡翠銀杏

〈材料〉お好みの量で
銀杏 … 適量
塩 … 適量
揚げ油 … 適量

〈作り方〉
① 銀杏は銀杏割り器で殻に割れ目を入れ、3%塩水に浸けて冷蔵庫で1～2日おく。
② 殻を取り除き、ペーパー等で水分をよく拭き取る。
③ 低温（120度）の油に入れ、お玉の底で転がしながら静かに混ぜる。
④ 薄皮がむけて実が透明になれば油より上げ、ペーパー等で油を拭き取りながら、残っている薄皮を取り除く。
⑤ 塩をふって器に盛る。

※3%塩水に浸ける事により塩味がつき、発色も良くなります。高温で揚げると表面に焦げや水膨れができるので、低温でゆっくり揚げましょう。

栗ご飯

〈材料〉4人分
米 … 2合　　酒 … 小さじ2
栗 … 300g　　塩 … 小さじ1弱
昆布 … 4cm角1枚

〈作り方〉
① 米は洗ってザルに上げておく。
② 栗は水に数時間浸けて鬼皮をむき、再度水に浸けておく。
③ 表面が少しふやけたら渋皮をむいて4～5等分に切り、洗ってザルに上げる。
④ 炊飯釜に米を入れ、2合ラインまで水を入れて昆布を差し込む。
⑤ ④に酒と塩を入れて混ぜ、栗を入れて炊く。
⑥ 炊き上がれば、軽く混ぜて器に盛る。

※水に浸けてふやかしておくと、鬼皮と渋皮がむきやすくなります。渋皮を包丁でむかず、金ザルにこすりつけて“渋”だけを取り除いた栗を炊き込んでも良いです。

栗の渋皮煮

〈材料〉作りやすい分量
栗 … 1kg
重曹 … 10g
けしの実 … 適量
砂糖 … 500g
飾り（揚げイチョウさつま芋・紅葉・松葉）… 適量

〈作り方〉
① 栗は水に数時間浸けて鬼皮をむき、さらに数時間水に浸けておく。
② 鍋にたっぷりの水と栗を入れて火にかけ、沸騰したら重曹を入れて時々かき混ぜながら茹でる。5分経てばザルに上げ、水にさらしながら洗う。
③ 鍋にたっぷりの水と栗を入れて火にかけ、沸騰後5分茹でてザルに上げ流水で洗う。
④ ボウルに水と栗を入れ、1個ずつ丁寧にタワシ等を使って渋を取る。
⑤ 鍋にたっぷりの水と栗を入れて火にかけ、沸騰後10分茹でてザルに上げる。
⑥ ボウルに水と栗を入れ、1個ずつ丁寧に手で残っている渋を取り除き、取りにくい筋は竹串等を使って取り除く。
⑦ ⑤、⑥の作業を2回程繰り返し、すっかり栗がやわらかくなり渋が取れるまで煮たらザルに上げる。
⑧ 鍋に水1000ccと⑦の栗を入れて沸かし、中弱火にして砂糖を3回に分けて入れ、15～20分煮たら火を止める。
⑨ 冷めるまでおいたら、再び火をつけて10分煮る。
⑩ すっかり冷めたらペーパー等で汁気を拭き取り、底にけしの実をつけて器に盛り、飾りを添える。

※煮汁に浸けておくとどんどん味がしみて美味しくなります。甘さはお好みで砂糖の量を調節して下さい。飾りのイチョウさつま芋はクチナシで色をつけて素揚げしています。

小《こ》芋《いも》

小芋はお料理屋さんでは「六方むき」で皮を除き、「白煮」にして用いる事が多いです。家庭では皮を無造作にむいても良いのですが、生徒さんからは手がかゆくなり大変という声が多く、いろいろ試した結果、私は以下の方法で教えるようになりました。水から茹で、沸騰後五分程経ったら流湯にあてながら皮をむき（大きさ等によってむけにくい場合は、もう少し茹でる）、綺麗にヌメリを洗い流します。これを湯に入れ、好みのかたさになるまで茹でます。

「白煮」で用いるには米のとぎ汁で茹で、淡口醤油を控え塩分は塩で補って白く仕上げていきます。「旨煮」にする時は、みりんと淡口醤油が同量の八方地に砂糖を加え、甘めに煮るのがコツです。これに濃口醤油と砂糖を加えて煮絡めると、「煮っころがし」になります。

赤ずいきの胡麻酢和え

〈材料〉４人分

赤ずいき … 250g
茹で枝豆 … 30粒
酢 … 適量

A
練り胡麻 … 30g
砂糖 … 大さじ１弱
淡口醤油 … 大さじ１
酢 … 大さじ１と1/2～2

〈作り方〉

① ずいきは巻き込んでいる部分を１本ずつ外し、鍋に入る長さ（20㎝程度）に切る。
② 切り口から皮をむき、酢水に20～30分浸ける。
③ 鍋に水と酢少々を入れて火にかけ沸かし、ずいきを入れて約３分茹でる。
④ 冷水に取ってすっかり冷めたら、3～4㎝に切って水に15分程さらす。
⑤ ボウルにＡを記載順に入れて混ぜ合わせ、胡麻酢を作る。
⑥ ずいきの水分を絞って器に盛り、食べる直前に胡麻酢をかけて枝豆を散らす。

※赤ずいきは酢を入れて茹でると色鮮やかになります。胡麻酢を作る時は材料を記載順に一つずつ綺麗に混ぜ合わせていくと、分離せず混ざります。

小芋旨煮の唐揚げ

〈材料〉４人分

小芋 … 15～18個
だし … 500cc
片栗粉 … 適量
揚げ油 … 適量
塩 … 少々
米のとぎ汁 … 適量

A
砂糖 … 大さじ2と1/2
みりん … 大さじ２

B
淡口醤油 … 大さじ２
濃口醤油 … 大さじ1/2
塩 … 小さじ1/2
だし用削り節 … 1パック(7g)

〈作り方〉

① 小芋はよく洗って土を落とし、鍋に入れて水から茹でる。
② 沸騰したら５分茹で、流湯に取って皮をむく。
③ 鍋に米のとぎ汁を入れて火にかけ、少し温まってきたら小芋を入れる。８割程茹でたら湯で洗い、ザルに上げる。
④ 鍋にだしを入れて火にかけ、温まってくれば小芋を入れ、Ａを入れて弱火で２～３分煮る。
⑤ ④にＢを入れ、蓋をして４～５分経てば火を止め、そのまま冷めるまでおく。
⑥ ⑤の小芋の水分をペーパー等で拭き取って片栗粉をまぶし、170度の油で揚げる。
⑦ 器に盛って塩をふる。

※⑤の工程までが旨煮の作り方です。余分に作っておき味の染み込んだ次の日に、ぜひ唐揚げに。

六方小芋白煮と海老艶煮の炊き合わせ

〈材料〉４人分

小芋 … 中 16 個
米のとぎ汁 … 適量
だし … 500cc
A｜砂糖 … 大さじ２と 1/2
　｜みりん … 大さじ２
B｜淡口醤油 … 小さじ２
　｜塩 … 小さじ 2/3
だし用削り節
…１パック（7g 入り）
有頭海老 … 大４尾
C｜酒 … 80cc
　｜砂糖 … 大さじ２強
　｜淡口醤油 … 大さじ２
D｜みりん … 少々
　｜濃口醤油 … 少々
茹で絹さや … 適量

〈作り方〉

① 小芋はよく洗って土を落とし、六方にむいて綺麗に洗う。
② 米のとぎ汁で８割程やわらかくなるまで静かに茹でた後、湯で洗ってヌメリを取り除く。
③ 鍋に並べ入れて温めただしを入れ、中火弱で５分煮たらＡを入れ、２〜３分煮る。
④ Ｂを入れ、小芋の上にだしパックをおいて蓋をし、弱火で少し煮る。やわらかくなったら火を止め、冷めるまでそのままおく。
⑤ 海老はハサミで尾先、口上のケン、口ヒゲ先、足先を切り揃え、背ワタを竹串等で取り、片栗粉・塩（分量外）でもんで水洗いする。U 字形にしてつまようじ等で留める。
⑥ 鍋に塩熱湯を沸かして海老を入れ、沸騰後１〜２分茹でたら冷水に取って串を抜く。すっかり冷めたらペーパー等で水分を拭き取る。
⑦ 鍋にＣを入れて沸かし、⑥の海老を入れて中火弱で４〜５分煮る。Ｄを入れひと煮立ちしたら火を止め、鍋ごと冷水に浸して急冷する。
⑧ 食べる直前に小芋と海老を温め、器に盛る。絹さやを添え、小芋の煮汁を少しはる。

※お祝い事には、小芋に鶴等の細工をするのもおすすめです（「鶴小芋白煮」の作り方／①で六方にむいてから六角形の面に鶴のクチバシの細工を入れ、②〜④の手順で白煮にする。写真は P135 煮しめ参照）。

冬の暮らしと料理

—出合いもん—

北の海で獲れたニシンと京の茄子が出合い、今では定番のお料理「ニシン茄子」ができたように、二つの違った素材を一緒に料理すると絶妙なハーモニーを奏でるものを「出合いもん（出合い物）」といいます。松茸と鱧、筍とわかめ、蕪と鯛、海老芋と棒鱈等、例外もありますが、たいがいは京野菜と海の幸の組み合わせです。これらは偶然の出合いではなく、旬のものを合わせたおかずを作ろうと、京都人が工夫を重ねて作り上げてきたものだと思います。先人の知恵と努力の賜物ですね。

—つくね芋と上用まんじゅう—

表面がごつごつとして丸形をしたつくね芋。皮をむいてすりおろすと真っ白く、強い粘りがあり味も濃厚です。私の実家はおまんじゅう屋でしたので、つくね芋の事を「上用芋」と呼んでいました。おろして砂糖と粉を混ぜ合わせると、上用まんじゅうの皮になるからです。私がこのお芋を「つくね芋」と知ったのは、随分と後になってからの事です。

上用まんじゅうは結婚式の引き出物等に使われていたので、子どもの頃は「お嫁さんのおまんじゅう」と言っていました。結婚式後の挨拶まわりにも、五個入りの赤白の上用まんじゅうがよく用いられていましたね。注文が入ると箱が天井まで積み上げられ、母がお

「ぶり大根」（レシピP165）も出合い物の一つ。美味しく仕上げるポイントは、大根をゆがいてからぶりの煮汁で味をつけ、最後に両者を合わせて炊く事です。

写真右：つくね芋。京都の丹波篠山で採れ、皮が黒っぽく中身は真っ白なお芋です。写真左：実家のおまんじゅう屋「玉田軒（WAGASHI たまだけん）」の上用まんじゅう。白はこしあん、赤は粒あんで、注文に応じて白あん等を組み合わせた二重あんや三重あんも作っていました。

がくずに埋まっているつくね芋を取り出し、皮をむいて大きなおろし金でおろしていました。冬に採れ、一斗缶に入ったつくね芋が底をつく頃に夏が来て結婚式が少なくなり、秋のシーズンを迎える頃にまた新芋が出てきます。「うまい事なっているなあ」と、父がよく言っていました。

─ 昭和の結婚 ─

私も嫁いできた時は、上用まんじゅうを持って義母に連れられ、知人やご近所の家々にご挨拶に行きました。

昔は家と家との結婚が多く、特に私のようなお見合い結婚では形式が重んじられていました。紋入りの風呂敷の上から唐草模様の大きな風呂敷に包まれた結納の品一式を、仲人さんが私の家まで持って来て下さり、いわゆる結納式（今でいう顔合わせの儀式）が行なわれ、結婚が成立します。私側は花嫁道具を取り揃えますが、荷出しする前日に、知り合いやご近所さん、お友達が引き出しを全部開け、どんな荷物を持って行くのかを見てくれました。吉日、トラックに積み白い布をかぶせて紅白のリボンで結び、婚家に荷入れを終えると、今度は婚家の親戚や知り合いが荷物を広げ、着物等一枚一枚を見るという事になります。今では考えられませんが、当時としては当たり前の光景でした。

昔は「うちの嫁です」と紹介されましたが、今は個人個人の結婚の色が濃いので、「僕の妻です」、「私の夫です」と紹介します。昔のように、お嫁さんがおまんじゅうを持って義母に連れられ挨拶まわりをする人も少ないようで……。時代が変わったのですね。

─ 顔見世《かおみせ》興行《こうぎょう》と南座《みなみざ》総見《そうけん》 ─

師走の風物詩、南座の「吉例《きちれい》顔見世興行」。江戸期、劇場と役者は一年ごとの契約で、翌年の一座の顔ぶれを披露する興行だった事から「顔見世」と名がついたそうです。現在は、東西の名優が顔を

結納式で使われた、代々家に伝わる塗の広蓋と、表面（おもて）一面に家紋が入り裏面にはおめでたい絵柄が織り込んである結納袱紗。

揃える歌舞伎の祭典になっています。十一月末、京都の南座にこの興行の「まねき（劇場に掲げられる出演者の名前が書かれた看板）」が並ぶと、一年も終りに近づいたのだなあと、急に慌ただしさを覚えます。

お勤めに出ていた若い頃は、母が喜ぶので毎年顔見世の券を買ってプレゼントしていました。母は着物を着て、お友達といそいそと出かけていきました。家業のお餅つきで忙しくなるまでの、大きな楽しみだったのだと思います。

京の風物詩、南座劇場正面の「まねき上げ」。まねきには、歌舞伎独特の太くうねりのある文字（勘亭流）で書かれた俳優の名前と、上にその役者さんの紋が記されています。（2020年12月撮影）

毎年十二月二日より、歌舞伎の世界とゆかりの深い京の花街の恒例行事として、五つの花街（祇園甲部・宮川町・先斗町・上七軒・祇園東これを総称して五花街《ごかがい》）の芸舞妓さんが観劇する「花街総《かがいそう》見《けん》」が始まります。私も料理学校に通っていた頃、お友達に連れて行ってもらい、一度だけ総見の日に観劇した事があります。舞妓さんは月ごとに季節の花や情景のかんざしを髪に飾りますが、十二月のかんざしは餅花と小さなまねき。艶やかな芸舞妓さんが桟敷席《さじきせき》にずらりと並ぶ光景は別世界でした。

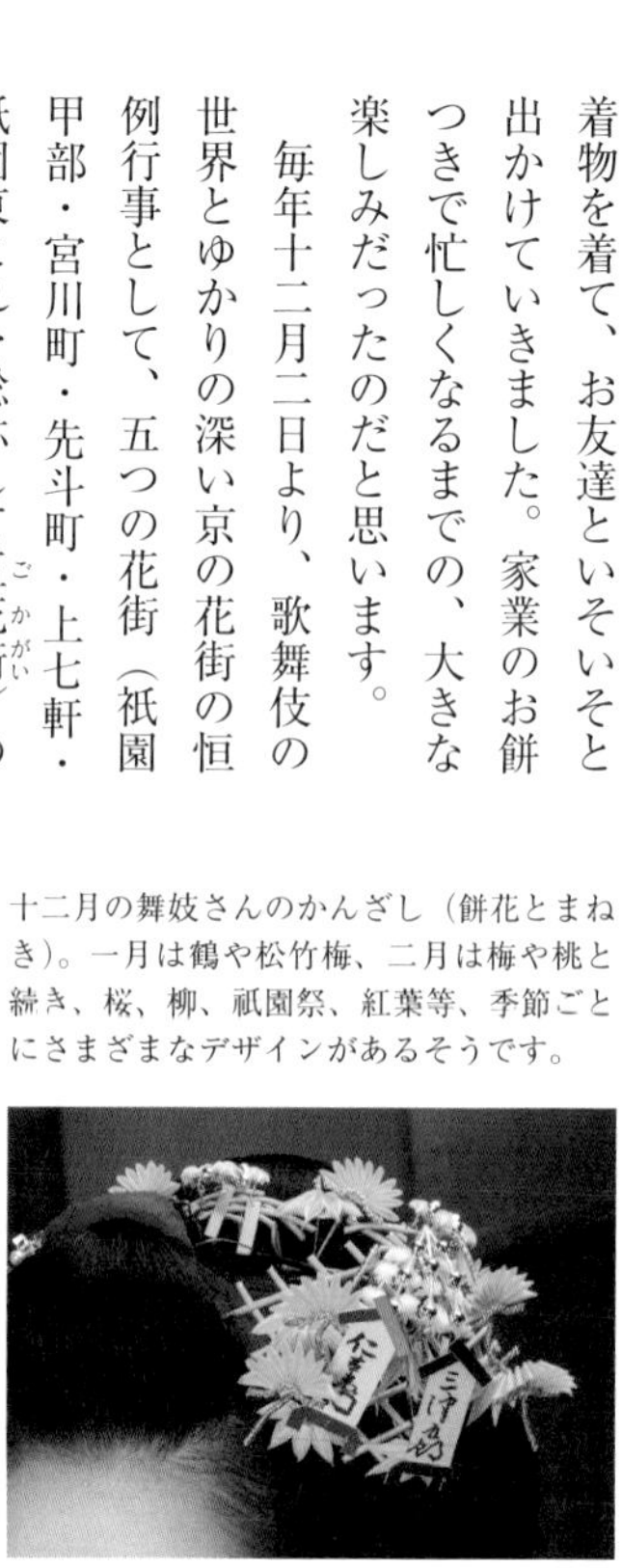

十二月の舞妓さんのかんざし（餅花とまねき）。一月は鶴や松竹梅、二月は梅や桃と続き、桜、柳、祇園祭、紅葉等、季節ごとにさまざまなデザインがあるそうです。

―求肥巻き（りゅうひまき）―

この頃になると、教室ではおせちの講習が始まります。二十数種類を教えますが、毎年必ず教えるのは、「ぶどう豆、たたき牛蒡、数の子」の三種と、「求肥巻き」、「鯡の味噌幽庵漬け焼き」です。

求肥巻きとは、「龍皮巻き」や「竜皮巻き」と書いたり、「ぎゅうひまき」と言う人もあり、白身魚（ひらめや鯛）の身を酢で締めて甘酢生姜とともに求肥昆布で巻いた料理で、京都ではおせちに用いる事が多いです。とても高価なもので、実家ではお重詰めの時期に魚屋さんで買っていましたから、私も若い頃は家で作れるとは考えた事がありませんでした。それが教室を始めてしばらくした頃、一般には求肥昆布が手に入りにくいものの、これさえあれば簡単に作れるという事を知り、生徒さんの分もまとめて求肥昆布を調達し、鯛の身を使って教えるようになりました。習った多くの生徒さんが、「本当に簡単や」と驚かれ、毎年家でも作って下さっているようです。暮れの三十～三十一日に作ると、お正月には程良く味がなじみ、美味しい昆布締めになります。

―葛・銀あん―

十二月も中頃を過ぎると、京都独特の「比叡《ひえい》おろし」や「愛宕《あたご》おろし」と呼ばれる冷たい風が吹き抜け、しびれるような底冷えの寒さが到来します。

寒い冬に人気のあるお料理といえば、「銀あん」です。銀あんとは、吸い地（おつゆ）を葛でとろみづけしたもので、代表的な料理に「蕪蒸し」があります。

葛は水で溶いてそのまま使用せず、たっぷりの水で溶いたらザルを通して沈むまでおき、アクをたくさん含んだ上水を捨ててから用いて下さい（P161参照）。沈んだ葛をだし（または水）で溶いて熱くした吸い地に少しずつ入れ、混ぜながらしばらく練り煮して仕上げます（P171参照）。真冬には濃度をつけ、少し暖かくなれば薄く（薄葛仕立て）、気温によりとろみ具合を変えるのもおすすめです。おろしわさびやおろし生姜等、薬味もその時々に合うものを選ぶと、より美味しくいただけます。

求肥巻きの作り方

〈1本分の材料〉
鯛（刺身用ブロック）
…150～200g
求肥昆布…1枚
生姜の甘酢漬け…30g
甘酢・塩…適量

〈作り方〉

① 鯛は厚さ3㎜のへぎ造り（そぎ切り）にする。生姜はせん切りにする。

② 塩をふったバットに並べて上からも塩をふる。20～30分おいたら水分を拭き取り、甘酢を絡ませておく。

③ 巻きすの上に昆布を広げて甘酢を塗り、手前2～3㎝の部分に生姜を並べる。

④ 手前の昆布で生姜を覆い、巻き終わり4～5㎝残して②の鯛を均一に並べ、塩をふる。

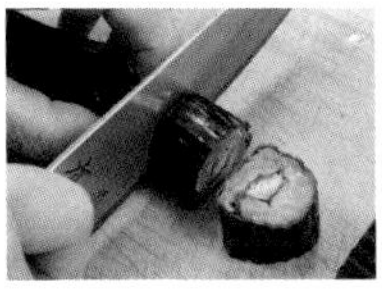

⑤ 巻きすを使って締めながら巻いた後、巻きすを外す。
⑥ ラップで巻き、上から巻きすで巻いて輪ゴムで留め、冷蔵庫で一日寝かせ、切り分ける。

「蓮根万寿《まんじゅう》」（レシピP165）。練り煮した熱い銀あんを器のふちから静かにはり、少しまんじゅうにもかけ、最後におろし生姜等を天盛りにします。

─冬の高級魚「一汐物《ひとしおもの》ぐじ」─

「ぐじの唐揚げ」（レシピ P166）。骨をしっかり取り除いてから用いて下さい。
粉はウロコにはつけず、身の方にだけつけて揚げます。

甘鯛は京都では「ぐじ」と呼ばれる魚。脂肪が少なく、身は淡泊でやわらかいのが特徴です。浜塩（浜で開いて塩をする）を施して身を締めた「一汐物」が、産地の若狭《わかさ》の國（福井県南西部）から持ち込まれたため、京都では「若狭もの」と親しまれてきました。

京都は三方を山に囲まれた盆地に都が広がり、海に遠い地域ゆえ、昔は海のものを手に入れるには時間がかかり腐ってしまいました。そこで考えられたのが、魚を背開きにして塩をした一汐物です。以前はぐじもこの浜塩の技術のもと、鯖やかれいとともに「鯖街道」と呼ばれる峠道を通り運ばれ、京の町に着く頃には程良く塩がまわっていたそうです。今では浜塩ではなく、生のぐじを魚屋さんが仕入れ、一汐（塩）にしてからお客さんの手に渡るようにしているようで、料理屋さん等ではお店で一汐にする事も多いようです。

生の甘鯛は水っぽく味が薄いのですが、背開きにして塩をすると、身がねっとりと締まり甘味も出てきます。同じ魚なのに、一汐だと生の倍の値がつく事もあり、今や京都では高級魚として扱われています。私が若い頃はそんなに高価ではなく、時々母に「今日の夕飯は、ぐじを焼いて」と頼まれて、

写真右：店頭に並ぶ一汐ぐじ。面割り後に背開き（若狭開き）にし、塩がしてあります。これを用いて若狭焼き（酒塩焼き）や唐揚げを作ります。写真左：「ぐじの昆布締め」（レシピ P166）。

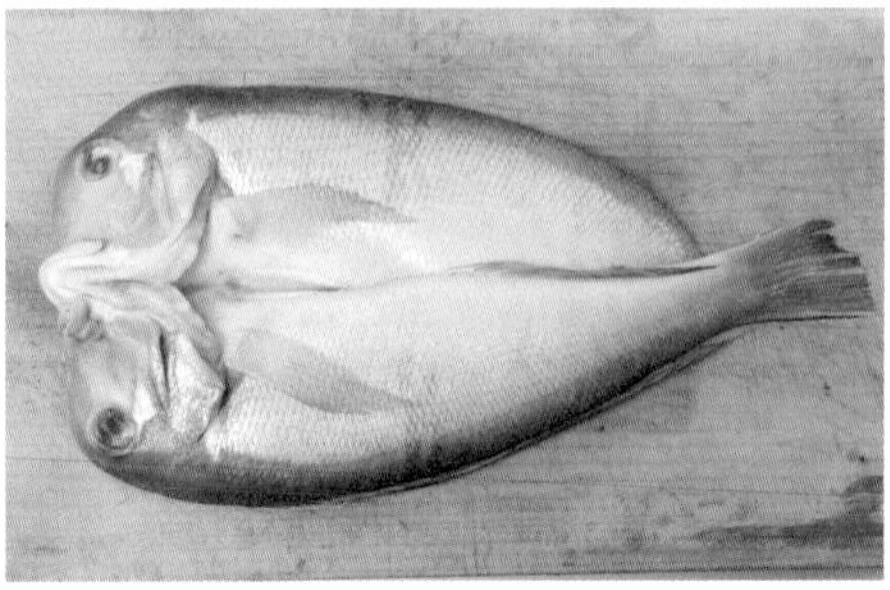

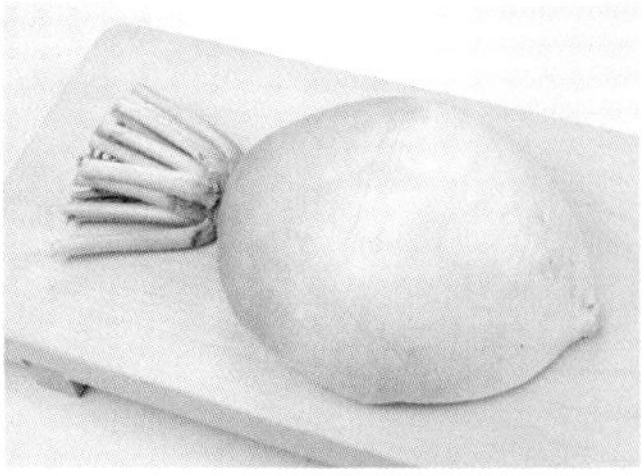

写真右・中：蕪は表面の色がすぐ悪くなるので、茎は落とされラップで包まれて店頭に並んでいる事が多いです。よく似ていますが、茎が少しついている方はたいてい「丸大根」。教室では「聖護院蕪はでこぼこで、丸大根はつるつる」と違いを教えています。写真左：肉質が細かく、煮くずれしにくい海老芋。ころりとした重量感のあるものを選んで下さい。

おかずとして食卓に並べていました。当時は焼き方が分からず、ウロコが立って真っ黒になり、身がバラバラになって困った経験があります。後に、ウロコを乾かして（皮に貼りついた状態にして）から酒を塗って焼き、皿に移して燗酒《かんざけ》をたっぷりかける「酒塩焼き」という調理法を会得し、上手に焼けるようになりました。お料理屋さん等の「ぐじの若狭焼き」がそれにあたり、京都の代表的なお料理でもあります。教室でもたびたび教えてきましたが、家庭では難しいという声も多く、最近では簡単にできる唐揚げを教えるようになりました。こちらも味は絶品！ぜひ試してみて下さい。

― 冬の京野菜、聖護院蕪《しょうごいんかぶら》と海老芋 ―

京野菜の夏の代表が「賀茂茄子」なら、冬の代表は「聖護院蕪」と「海老芋」だと思います。聖護院蕪は江戸時代に近江蕪の種を京都市左京区聖護院で育てた事から栽培が始まったそうです。独特の甘さを持つ大変美味しい大きな蕪で、「千枚漬け」や「蕪蒸し」等でおなじみです。蕪の皮の下五ミリ程は「障子」という繊維なので、調理する時はもったいないと思わずに、障子の内側まで皮を厚くむいて下さい。残っていると長時間煮ても繊維が口に残り、せっかくの美味しさが台無しになります。

海老芋は里芋の仲間で、曲がった形や模様が海老によく似ています。私は「お芋の王様だ！」と食べるたびに思います。炊き上がった海老芋をお箸で割ると、ほくほくとした素材の持ち味が見て取れ、口に入れるとあまりの美味しさに「京都に生まれ育ってよかった」とさえ思う程、毎回幸せを感じます。下処理（変形六方にむいてから、米のとぎ汁でゆがく）も丁寧にする事をおすすめします。

※「お正月のしたくと料理」のエッセイは、P128〜131に掲載しています。

― お正月明け ―

年が明け、三が日が過ぎると少しずつ平常の生活に戻ります。

一月七日（人日の節句）の朝は、お正月料理で疲れ気味のお腹を休ませるという目的もあり、「七草粥」をいただく風習があります。

「焼き餅入り水菜粥」（レシピP166）とすぐき漬け。七草粥の他、冬は水菜のお漬け物を使った粥もよく作ります。お粥類は時間が経つと味や香りが落ちるので、でき立てをいただく事をおすすめします。

七草とは、せり、なずな、ごぎょう、はこべ、ほとけのざ、すずな、すずしろの事。早春の野山に自生する若菜で、新年を迎える際に自然界から新しい生命力をいただくための野菜だそうです。それぞれ塩熱湯で茹でて細かく刻み、粥のでき上がりに加えて塩味をつけ、焼いたお餅も入れていただくのが我が家の七草粥です。

続く十日は、商売繁昌を祈願する「十日ゑびす」です。お友達と祇園の京都ゑびす神社にお詣りし、境内に響く「商売繁昌でささもってこい」という威勢の良い掛け声のなか、縁起物がいっぱいついている熊手を求めます。境内を出る時には、拝殿横の後ろにいらっしゃる耳の遠いえびす様に再度お願いするため、板をトントンたたき、「商売繁昌（教室繁昌）、今年もよろしくお願いします」と、最後にもう一度祈願します。これは、京都の人なら皆さんご存知のお決まりのコースです。

お詣りの前には、祇園のお店で夕食をいただきます。「こんばんは」と入ると、「おおきに」とお母さん（女将さん）が出迎えてくれ、奥の厨房からも「おこしやす」の京言葉が響きます。京都に住みながらも、やはり夜の祇園のお店となると、訪れる機会はなかなかないもの。年始の楽しみの一つです。

― だいだい ―

お鏡さんの上に飾る柑橘類、「だいだい」。同じ木に三代の果実が残っているので「代々」とも書き、代々繁栄するという意味で縁起の良い木とされています。

だいだいの実はとても酸っぱくそのままでは食べにくいので、搾ってポン酢を作ります。搾り汁に同量の濃口醤油、半量のみりんを合わせ、昆布を入れて一～二週間寝かせた後、昆布を取り除き冷蔵保存します。自家製ポン酢は香りも味も抜群に良く、私の家ではお鏡さんに飾っただいだいに加え、毎年新たに箱一杯分を買い足して、一升瓶三～四本の量を作り、お鍋やみぞれ和えにフル活用しています。

搾った後の皮は山のように残るので、ピール（砂糖煮）を作ります。ピールは黄色の皮の下にある白いワタが甘い砂糖煮になるため、ワタが多い程良いものができます。このレシピを習った生徒さんが、でき上がったピールにチョコレートをつけて持って来て下さった事があり、さらに美味しくなっていて感激しました。

「だいだいピール」（レシピ P167）だいだいは果汁をポン酢に、皮はピールにします。

― 吉田神社・節分 ―

温暖化の影響で昔みたいな寒さはないように感じますが、それでも、この時期は京都独特の底冷えの日が続きます。

二月三日は節分。私は前の年に授ったお札を、吉田さん（吉田神社）に納めに行きます。娘たちが小さい頃は、雪がちらちら降るなか長女の手をひき、次女をおんぶしてねんねこに包み、お詣りに行

吉田神社で行われる節分祭の追儺式《ついなしき》。鬼を追い払い平穏な生活を願います。

きました。節分祭にはたくさんの露店が出ていて、「あれ買って」、「これ買って」と言う娘たちに、「あかん、一つにしなさい」と私が言い、横で一緒に出かけた母が「おばあちゃんが何でも買ってあげる」と甘い事を言っていました。今は、その娘たちが「あかん、あかん」と言い、私が「買ってあげる」と言っています。同じ事を繰り返しているなあと苦笑いですね。

そして、翌日はもう立春。暦の上では春ですが、まだまだ寒さが続きます。二月最初の午《うま》の日には、五穀豊穣や商売繁昌で知られる伏見稲荷大社の初午大祭があり、この初午の日は「畑菜の辛子和え」をいただく風習があります。お稲荷さんといえばきつねさんですが、辛子もお揚げと並ぶきつねさんの好物だそう。教室では、おだしを多めに入れた辛子浸しの他、「丸大根とお揚げの炊いたん」等、きつねさんが喜びそうなお揚げのお料理もいろいろと教えます。

写真右：お鍋に具材を全部入れて炊く「丸大根とお揚げの炊いたん」（レシピP167）。土鍋で作ると手早く火が通ります。写真左：「畑菜の辛子浸し」（レシピP167）。畑菜の旬は短いので、見かけたらぜひこの時期に味わってみて下さい。

青菜《あおな》

　青菜のおばんざいといえば、「青菜とお揚げの炊いたん」ではないでしょうか。用いる青菜としては、小松菜、蕪の葉、水菜、畑菜、しろ菜、白菜《はくさい》等いろいろとあります。一方、菊菜、ほうれん草、菜の花、三つ葉、分葱、九条葱等は、煮物より和え物に合うと思います。

　青菜をゆがく時間は種類や料理で違いますが、ゆがき過ぎない事と、ゆがいた後に流水で粗熱を取ってから冷水に浸け、色止めや進行止めをする事が大切です。

　京野菜のなかに「水菜」と「壬生菜」がありますが、葉がギザギザしている方が水菜。水菜の特別変異である壬生菜は壬生地区で作られ名がついたもので細長いヘラのような葉です。ほんのり辛子の香りがあり千枚漬けに添える青菜でも親しまれ、浅漬けに最適です。

人参葉の胡麻和えご飯

〈材料〉4人分

ご飯 … 2合分
人参葉 … 1袋
炒り胡麻 … 大さじ4

A
濃口醤油 … 大さじ2
砂糖 … 小さじ1弱

〈作り方〉

① 人参葉はなるべくばらさないように綺麗に洗い、ひも等で束ねる。
② 鍋に塩熱湯を沸かし、根元から入れて40～50秒茹で、冷水に取る。
③ すっかり冷めたら水気をしっかり絞り、細かく切る。
④ すり鉢に胡麻を入れて6～7割すり、Aを入れて混ぜる。
⑤ 人参葉を入れ、ムラがないようにしっかり混ぜ合わせる。
⑥ ご飯と混ぜ合わせ、器に盛る。

※人参葉はかたいので細かく（2～3㎜）切って下さい。独特のクセがありますが、人参葉ご飯にすると、食べやすくなります。

青菜とお揚げの炊いたん

〈材料〉4人分

青菜 … 1束
（蕪の菜・小松菜等）
油揚げ … 1枚
（150g）

A
だし … 600cc
淡口醤油 … 大さじ1/2
濃口醤油 … 小さじ1
塩 … 小さじ1弱
みりん … 大さじ1

〈作り方〉

① 青菜は根元を残して根を切り落とし、大きい株は縦にさく。
② 貯め水と流水で綺麗に洗って土を落とし、塩熱湯でさっと茹でて冷水に取り、冷たくなれば水気を絞って3～4㎝に切る。
③ 油揚げはグリルで色良く焼き、熱いうちに浮き出た油をペーパー等で押さえ取って適当な大きさに切る。
④ 鍋にAを入れて火にかけ、沸騰したら③の油揚げを入れてひと煮立ちさせる。
⑤ 青菜も入れてひと煮立ちさせたら弱火にし、1～2分煮て器に盛る。

※お揚げを焼く際は、オーブンやオーブントースターを活用しても良いでしょう。お好みで一味・七味唐辛子をふって下さい。

しろ菜の炊いたん

〈材料〉4人分
しろ菜 … 1把
だし … 500cc
A | みりん … 小さじ2
濃口醤油 … 小さじ1
淡口醤油 … 小さじ1
塩 … 小さじ1/2
炒り胡麻 … 少々

〈作り方〉
① しろ菜は綺麗に洗う。
② 鍋に塩熱湯を沸かし、しろ菜を根元から入れてさっと茹で、冷水に取る。
③ すっかり冷めたら水気をしっかり絞り、4cm長さに切る。
④ 鍋にだしとAを入れて火にかけ、沸いたらしろ菜を入れる。
⑤ 再度沸いてきたら弱火にし、1分経てば火を止める。
⑥ 器に盛り、胡麻を天盛りにする。

※あっさり炊き上げた、やさしいしろ菜の味を楽しんで下さい。

蓮根《れんこん》

八～十個の穴がある事から、「先が見える」、「見通しが良い」と、縁起物としておせちにも用いられ、穴を利用した菊花蓮根や松蓮根等のむきものがいろいろとできます。

旬はあるものの ほぼ周年供給ですが、なかでも私が好きなのは冬の粘りがある蓮根です。おろしたものをおつゆに入れてすり流しにすると、とろみがついて身体はもとより心まで温まるような気がします。同じくおろして用いる「蓮《れん》餅《もち》」や「蓮《れん》蒸《む》し」も、もちもちとして美味しく、椀種にも使えます。

薄切りにした蓮根を熱湯に通してザルに上げ、塩を打って脱水後に甘酢に漬ける「蓮根の甘酢漬け」も、焼き物の添え等におすすめ。

夏に出まわる細くてシャリシャリとした食感の新蓮根は、「蓮根ご飯」にしても美味しいです。

菊花・松蓮根のたらこ射込み

〈材料〉4人分
蓮根 … 8㎝
たらこ … 100g

〈作り方〉
① 蓮根は半分に切って(4㎝長さの輪切りを2個)皮をむく。菊花形にむき、さっと酢水に浸けたらザルに上げる。
② 1個は縦半分に切り、角を落として松形にむき、さっと酢水に浸けたらザルに上げる。
③ 鍋に水、蓮根、酢少々(分量外)を入れて火にかけ、すっかりやわらかくなればザルに上げ、冷ます。
④ たらこの薄皮を取り除いて中身を出し、蓮根を押しつけるようにして穴にたらこを射込む(詰める)。
⑤ 菊花形・松形ともに厚さ5～7㎜に切り分ける。

※上記の分量で、菊花形4個・松形8個ができます。蓮根にたらこを入れ込む際、ラップの上で行うと無駄が減り作業がしやすいです。赤白色で華やかなので、おせちのお重詰めにもおすすめです。

蓮根のきんぴら

〈材料〉4人分
蓮根 … 200g
炒り胡麻 … 適量
サラダ油 … 大さじ2～3
一味唐辛子 … 好みで適量
砂糖 … 大さじ1
A 酒 … 大さじ1
濃口醤油 … 大さじ2

〈作り方〉
① 蓮根は皮をむき、厚さ2㎜の輪切りか半月切りにする。
② さっと酢水に浸けたらザルに上げ、水分を拭き取る。
③ フライパンに油を入れて火にかけ、熱くなったら蓮根を炒める。
④ 全体に透明感が出たら弱火にし、砂糖を入れて絡める。
⑤ Aを入れて炒め、水分がなくなれば火を止める。
⑥ 器に盛り、胡麻と一味唐辛子をふる。

※切る厚さや方向で食感が違ってきます。厚さにより炒め時間が変わるので、調節しながらお好みの切り方で試して下さい。

蓮餅揚げ

〈材料〉4 人分
蓮根 … 250g
海老 … 中 4 尾
百合根 … 1/3 個
三つ葉 … 適量
酢 … 少々
A ｜卵 … 1/2 個
　｜塩 … 小さじ 1/3
片栗粉 … 適量
揚げ油 … 適量
抹茶塩 … 適量

〈作り方〉

① 蓮根は皮をむき、さっと酢水に浸けたら水気を拭き取る。すりおろしてザルに上げ、水分を軽く絞る。
② 海老は P85 ①を参照して処理し、水分を拭き取って 5㎜幅に切る。
③ 三つ葉は 1㎝くらいに切る。
④ 百合根は手でばらして汚れや変色した部分を取り除き、5㎜角に切る。水から茹でて、沸騰すればザルに上げる。
⑤ ①の蓮根に海老、三つ葉、百合根を入れ混ぜ、軽く水分を絞って A を混ぜ合わせる。
⑥ 8 等分にしてそれぞれ丸め、片栗粉をまぶして 180 度の油で揚げる。
⑦ 器に盛り、抹茶塩を添える。

※冬の蓮根は粘りが強く、もちもちとした蓮餅が作れます。揚げずに蒸してあんかけにしても美味しいです。

大《だい》根《こん》

京都には、京都独特の「丸大根（聖護院大根）」があります。丸大根の旬は十一～三月で、キメが細かく早く煮えて甘みがあり、「ふろふき大根」や炊き合わせの素材に最適です。味も良くなじむため、下茹でなしで直火炊きができ、「丸大根とお揚げの炊いたん」等もおすすめです。

皆さんご存知の長大根は周年出まわっていますが、やっぱり寒い冬の大根が美味しいですね。おろす、炊く、サラダ、なます、漬け物等、いろいろと使い道があります。煮る際は時間がかかるので下茹でしますが、乱切りや面取り等切り方を考えると短縮も可能です。

葉はゆがき、水分をしっかり絞ってから用いると調理もしやすく、青臭さも取れて食べやすくなります。

大根と豚肉のべっこう煮

〈材料〉４人分

大根 … 500g(約)1/3本
豚肉（ロースまたは肩ロース）薄切り … 150g
塩 … 少々
サラダ油 … 大さじ1/2

A
砂糖 … 大さじ２
みりん … 小さじ２
酒 … 大さじ1と2/3

濃口醤油 … 大さじ２

〈作り方〉

① 大根は皮をむいて乱切りにし、水からかために茹でて水洗いする。
② 豚肉は４～5㎝長さに切って塩をふる。熱したフライパンに油をひき、色良く焼いて取り出す。
③ フライパンに残った油を取り除き、水50cc程を入れ、ヘラ等で焼き跡をこそげ取って鍋に入れる。
④ ③の鍋に大根と豚肉を入れ、ひたひたの水を入れて火にかけ、沸いてきたらアクを取って中火で10分煮る。
⑤ Aを入れて落とし蓋と蓋をし、大根がやわらかくなるまで煮たら濃口醤油を入れる。
⑥ ３分経てば蓋を取り、強火にして数回上下を返しながら煮詰め、煮汁がなくなれば器に盛る。

※しっかりした味つけの白いご飯によく合う一品です。

大根葉ご飯

〈材料〉４人分

ご飯 … ２合分
大根葉 … 100g
じゃこ … 30g
炒り胡麻 … 大さじ1と1/2
胡麻油 … 小さじ２

A
濃口醤油 … 大さじ1と1/2
砂糖 … 少々

濃口醤油 … 適量

〈作り方〉

① 大根葉は綺麗に洗う。
② 鍋に塩熱湯を沸かし、大根の葉を根元より入れる。再び沸いてきたら裏返し、10～20秒茹でて冷水に取る。
③ すっかり冷めたら水気をしっかり絞り、7～8㎜長さに切る。
④ フライパンに胡麻油を熱し、③の大根葉を入れて炒める。
⑤ 全体に油がまわって少し水分が飛んだら、じゃことAを入れて炒め、水分が無くなれば火を止める。
⑥ 熱いご飯に⑤と胡麻を混ぜ合わせ、好みで濃口醤油を混ぜる。

※おじゃこの代わりに、かつお節や塩昆布を合わせても美味しいです。

ふろふき大根

〈材料〉4人分
聖護院大根 … 中1/4個
赤田楽味噌（P173参照）
… 大さじ5
昆布 … 5cm角2枚
柚子皮 … 適量
塩 … 少々
米のとぎ汁 … 適量

〈作り方〉
① 柚子皮は白い部分は取り除いて細いせん切りにし、水にさらしてすぐにザルに上げる。
② 大根は適当な大きさに切り、厚く皮をむいて繊維質部分を取り除く。
③ 切り口を面取りして表面に深さ1cmの切り込み（隠し包丁）を入れ、水にさらす。
④ 鍋にたっぷりの米のとぎ汁と大根を入れて火にかけ、沸いてきたら火を弱めて静かに茹でる。
⑤ 少しかためじ茹でてザルに上げ、流水で綺麗に洗う。
⑥ 鍋に昆布を敷いて大根を並べ、たっぷりの水を加えて火にかける。
⑦ 沸いてきたら塩を入れて火を弱め、やわらかくなるまで茹でる。
⑧ 器に盛って赤田楽味噌をかけ、柚子皮を天盛りにする。

※大根のアクが和らぎ白く仕上がるので、米のとぎ汁で茹でましょう。「ふろふき」という言葉は熱い大根を「ふうふう」と冷ましながら食べる仕草からきているといわれています。今回は赤田楽味噌で作りましたが、白・黄田楽味噌（P173参照）でもお楽しみ下さい。

蕪《かぶら》

京都において蕪というと大蕪の「聖護院蕪」を指し、お料理屋さんでも蒸し物や煮物、ふろふき等で提供されます。教室でも使いますが、他府県の方に「手に入りません」とよく言われます。小蕪での代用も仕方ないのですが、一度は味わって欲しい素材です。

切り面から急激に品質が低下するので、聖護院蕪が手に入れば早めに使い切る事をおすすめします。皮は厚くむき（P111参照）、「菊花蕪」や「蕪蒸し」、「千枚漬け」等に。皮も漬け物等にして使いこなして下さい。「鯛蕪」等の炊き物に使う場合は、食べやすい大きさに切って面取りし、やわらかくなるのが早く煮くずれするので、気をつけながら炊いて下さい。

小蕪は葉がついている事が多いので、葉や茎も炊たり炒めたりして無駄なくいただきましょう。

鶏もも肉と小蕪の炊き合わせ

〈材料〉4人分

鶏もも肉 … 1枚
小蕪 … 4個
茹で三度豆
… 8～10本

塩・サラダ油 … 各少々
A　酒・みりん … 各大さじ2
　　濃口醤油 … 大さじ1と1/2
　　砂糖 … 大さじ1

〈作り方〉

① 鶏肉の皮目に金串で穴をあけて全体に塩をふる。油をひいたフライパンで皮目より焼き、良い色がつけば身側も焼いて火を通す。
② ①を8等分に切って鍋に入れ、Aとひたひたの水を入れる。火にかけて沸騰したらアクを取り、蓋をして火を弱め、やわらかくなるまで煮る。煮汁の2/3量を別鍋に取りおき、残った煮汁を鶏肉に絡めながら煮詰める。
③ 小蕪は皮を厚くむいて半分に切り、少しかために茹でて水洗いし、②で取りおいた煮汁とともに鍋に入れる。
④ 火にかけて沸いてきたら火を弱め、すっかりやわらかくなれば火を止めてそのまま冷ます。
⑤ 小蕪に②の鶏肉をのせ、蓋をして火にかける。温まったら器に盛り、三度豆を添える。

※鶏肉の皮を良い色になるまで時間をかけて焼くと、香ばしい風味の煮物になります。

鯛蕪

〈材料〉4人分

鯛切り身 … 160g
鯛アラ … 400g
聖護院蕪 … 中1/2個
昆布だし … 400cc
酒 … 80cc

米のとぎ汁 … 適量
A　淡口醤油 … 大さじ1
　　酒・塩 … 各少々
B　みりん … 小さじ1
　　淡口醤油 … 適量
柚子皮のせん切り … 適量

〈作り方〉

① 蕪は厚く皮をむき、適当な大きさに切って面取りする。米のとぎ汁でやわらかくなるまで茹でたら水で洗い、ザルに上げる。
② 鯛切り身は4つに切り、塩を軽くふってしばらくおき、出てきた水分を拭き取る。
③ 鯛アラは切り分けて綺麗に洗い、軽く塩をふってしばらくおいたら水洗いし、水分を拭き取る。
④ 切り身とアラに軽く塩をふってオーブン（200度・身10分アラ20分）で焼き、出てきた脂を拭き取って鍋に入れ、沸かした酒をかける。
⑤ ④に昆布だしとAを入れて火にかけ、沸いてきたらアクを取って弱火にし、5分煮てから漉す。
⑥ 鍋に⑤の汁、蕪、Bを入れて火にかける。温まったら弱火にし、少し煮てから火を止めて冷ます。
⑦ 蕪に鯛の切り身とアラをのせ、蓋をして温める。器に盛りつけて柚子皮を飾る。

蕪蒸し

〈材料〉4人分
聖護院蕪 … 400g
甘鯛（刺身用）20g … 4切れ
乾燥きくらげ … 2g
百合根 … 1/3個
銀杏 … 10個
三つ葉の軸 … 4本分
昆布 … 2cm角4枚
卵白 … 1/2個分
塩 … 適量
わさび … 適量
A　だし … 500cc
　　塩 … 小さじ1/3
　　淡口醤油 … 小さじ1と1/3
　　みりん … 小さじ1と1/3
　　葛粉（P161参照）… 25g

〈作り方〉
① 甘鯛は軽く塩をふってしばらくおき、出てきた水分を拭き取って昆布を敷いた器に入れる。
② きくらげは水で戻してせん切りにし、熱湯でさっと茹でてザルに上げる。
③ 百合根はばらして汚れや変色した部分を取り除き、1cm角に切る。水より茹でて沸騰後30秒でザルに上げ、軽く塩をふる。
④ 銀杏は殻を割って取り出し、少量の水とともに鍋に入れ、お玉の底で転がしながら茹でて薄皮を取り除き半分に切る。
⑤ 三つ葉の軸は綺麗に洗って1～1.5cm長さに切る。
⑥ 蕪は厚く皮をむいてすりおろし、ザルに上げて塩をふって10～20分おく。軽く押さえて水分を切ってボウルに入れ、漉した卵白を混ぜる。
⑦ ⑥にきくらげ、百合根、銀杏、三つ葉の軸を入れて混ぜ、①の甘鯛にかぶせ入れる。
⑧ 器に蓋もしくはラップをかけ、蒸気が上がっている蒸し器で12～15分蒸す。
⑨ Aの材料で銀あんを作る（P171参照）。
⑩ ⑧に⑨の銀あんをかけてわさびを添える。

※寒い夜に、身体が温まるごちそうです。甘鯛が手に入らないときは鯛で代用して下さい。蕪が透明感のない白色になったら、蒸し上がったというサインです。

海《え》老《び》芋《いも》

「お芋の王様」と思う程に美味しい海老芋。手間暇かけて育てられる分お値段も張りますが、冬場にぜひ味わって欲しい素材です。

片方が細長くなっているので、皮をむく時は小芋のように両面が正六角形ではなく、片面だけ正六角形の六角錐形にします。私は「変形六方」と呼んでいます。煮物にする際は、アク抜きと下茹でを兼ねて、米のとぎ汁でゆがき、綺麗に洗ってからだしの中で煮含めて下さい。味つけは少し甘めがおすすめです。揚げ物にする場合は、ゆがいただけのものより、おだしで煮含めたものを用いる方が格段に美味しくなります。

お料理のまんじゅう類には「海老芋まんじゅう」の他、「百合根まんじゅう」や「蓮根まんじゅう」等もあります。

ぶぶあられの海老芋万寿《まんじゅう》

〈材料〉4人分

海老芋 … 200g
海老 … 4尾
卵 … 1/3個
塩 … 少々
ぶぶあられ … 適量
茹で菜の花 … 適量
揚げ油 … 適量
米のとぎ汁 … 適量

A　濃口醤油・みりん・酒 … 各小さじ2

B　卵 … 1/3個
　　薄力粉 … 大さじ1

C　だし … 500cc
　　淡口醤油 … 小さじ1と1/3
　　みりん … 小さじ1と1/3
　　塩 … 小さじ1/3
　　葛粉（P161参照）… 25g

〈作り方〉

① 海老はP85①②を参照してすり身にし、鍋に入れる。Aを入れて火にかけ、水分がなくなるまで炒りつける。
② 海老芋は皮をむき、米のとぎ汁でやわらかくなるまで茹でたら洗う。マッシャーでつぶし、塩と卵を混ぜ合わせる。
③ 4等分にして、それぞれ①を芯に円形に丸める。
④ ボウルにBを混ぜ合わせて③の周囲につけ、ぶぶあられをまぶして180度の油で揚げる。
⑤ Cの材料で銀あんを作る（P171参照）。
⑥ 器に揚げ立ての④を入れ、熱くした⑤の銀あんをはって菜の花を天盛りにする。

揚げ海老芋のお雑煮

〈材料〉4人分

海老芋 … 小4個
白味噌 … 200g
昆布だし … 600cc
だし … 400cc
だし用削り節 … 1パック（7g）
米のとぎ汁 … 適量
片栗粉 … 適量
揚げ油 … 適量

A　砂糖 … 大さじ2
　　みりん … 大さじ1強

B　淡口醤油 … 大さじ1
　　塩 …小さじ1/3

〈作り方〉

① 白味噌と昆布だしで味噌地を作り（P131参照）、冷めるまで休ませておく。
② 海老芋は変形六方（六角錐形）にむき、米のとぎ汁でやわらかくなるまで茹でたら湯で洗う。
③ 鍋に海老芋を並べて同温のだしを入れ、火にかけて沸いてくれば火を弱める。だしパックとAを入れてしばらく煮たらBを入れ、ごく弱火で10分煮て火を止め、冷めるまでおく。
④ 海老芋の水分を拭き取って片栗粉をまぶし、170度の油で色がつく程度に揚げる。
⑤ 椀に海老芋を盛り、熱くした①の味噌地を注ぐ。

※②～④が海老芋の土佐煮の工程です。白味噌地の椀物には、仕上げにやわらかく溶いた辛子を落とすと美味しさが増します。

海老芋と棒鱈の炊いたん

〈材料〉作りやすい分量
戻し棒鱈 … 500g
茹で海老芋（右頁揚げ海老芋のお雑煮②参照）
… 小5～6個
酒 … 150cc
砂糖 … 100g
淡口醤油 … 100cc
昆布 … 5cm角1枚
だし用削り節
… 1パック（7g）
柚子皮のせん切り … 適量

〈作り方〉
① 棒鱈は綺麗に洗って4～5cm幅に切る。
② 鍋に棒鱈とかぶるくらいの水を入れて火にかける。沸騰してきたら火を弱め、5分煮て茹で汁を捨てる。
③ ②の作業を4～5回繰り返し、臭みやアクを取る。
④ 棒鱈の上3cmくらいまで水を入れて火にかけ、沸いてきたら火を弱める。
⑤ 酒を入れてしばらく煮たら砂糖を数回に分けて入れ、昆布とだしパックを入れる。
⑥ 淡口醤油を入れ、弱火のまま水を足しながら煮る。30～40分経ったら火を止め、一晩休ませる。
⑦ 棒鱈はバット等に取り出し、だしパックは取り除く。煮汁は別鍋に半量を取りおく。
⑧ 煮汁が残ったままの鍋に茹で海老芋を入れ、ひたひたになるまで水を加える。火にかけて沸いてきたら火を弱め、10～20分炊いたら火を止め、そのまま冷めるまでおく。
⑨ ⑦で取りおいた別鍋の煮汁を煮詰め、濃厚になってとろみが出れば火を止める。冷めたら棒鱈を戻し、煮汁を絡ませる。
⑩ 器に海老芋と棒鱈を盛り、柚子皮を散らす。

※棒鱈を戻すには1週間程かかり大変手間ですが、最近では戻して冷凍したものも販売されています。今回も戻した棒鱈を使用しました。

牛蒡《ごぼう》

京野菜の一つに、直径六～九センチ、長さ五十センチ以上に成長した「堀川牛蒡」があります。生育の途中で掘り起こし、横向けに植え替える事でどんどん太くなり、中心には「す」が入ります。そこを空洞にして、肉やすり身を射込む（詰める）お料理等もあります。

若い頃、牛蒡の皮は包丁の背でこそげ取ると教わったのですが、皮とその周辺が香りも良くて美味しいと知り、教室では土はしっかり洗い落としても「皮はこそげないように」と教えています。「鯛のアラ炊き」等では中心部をくり抜いて「管牛蒡（P51①②参照）」にして用いるのがおすすめです。

牛蒡は洗うと保存がきかないので、きんぴらや煮物等に用い、早めに使い切って下さい。ゆがいて照り焼きにし、粉山椒を散らしても美味ですね。

たたき牛蒡

〈材料〉4人分

牛蒡 … 250g
炒り胡麻
… 大さじ6～7
粉山椒 … 適量

A
砂糖 … 大さじ2/3
みりん … 大さじ1
淡口醤油 … 大さじ1
濃口醤油
… 大さじ2と1/2
だし … 大さじ2

〈作り方〉

① 牛蒡は土を落とし、皮をこそげないようにタワシ等で綺麗に洗う。
② 3～4cm長さに切り、好みの太さに揃うように縦に切る。
③ 切れたものからさっと酢水に浸け、ザルに上げる。
④ 鍋に牛蒡と水を入れて火にかけ、沸いてきたら火を弱めて好みのかたさになるまで茹でる。
⑤ 胡麻はすり鉢で8割程すり、Aを混ぜ合わせる。
⑥ ⑤に茹で立ての牛蒡を入れてしっかり手でもみ込み、途中数回もみ込みながら半日程おく。
⑦ 盛りつける直前に山椒粉を混ぜる。

※我が家でたたき牛蒡にする時は、牛蒡の太さを5～7㎜角ぐらいの細めに切り揃えています。

牛蒡のかき揚げ

〈材料〉4人分

牛蒡 … 50g
人参 … 40g
さつま芋 … 40g
三つ葉 … 10g
薄力粉 … 大さじ2～3

A
卵水（卵黄 … 少々
水 … 大さじ4）
薄力粉 … 大さじ4
片栗粉 … 小さじ1強

揚げ油 … 適量
塩 … 適量

〈作り方〉

① 牛蒡は土を落とし、皮をこそげないようにタワシ等で綺麗に洗う。ささがきにして、さっと酢水に浸けたらザルに上げる。
② 人参とさつま芋は3cm長さのせん切りに、三つ葉も3cm長さに切る。
③ ボウルに①と②を入れて混ぜ、薄力粉を入れて軽く混ぜる。
④ 別ボウルにAを軽く混ぜ合わせ、③に入れて軽く混ぜて4等分にする。
⑤ 木べら等に取って形を整え、180度の油にすべらせるように入れる。
⑥ まわりが固まってきたら返して色良く揚げ、油より引き上げる。塩をふり、器に盛る。

※薄力粉はノリの役割をするので、衣と合わせる前に忘れないようにまぶして下さい。

牛肉と牛蒡の炒り煮

〈材料〉作りやすい分量
薄切り牛肉 … 200g
牛蒡 … １本（約200g）
糸こんにゃく … １袋（200g）
胡麻油 … 大さじ１と1/2
A　濃口醤油 … 大さじ３
　　みりん … 大さじ３
　　酒 … 大さじ３
　　砂糖 … 大さじ２と1/2
茹で絹さや … 数枚
七味唐辛子 … 適量

〈作り方〉
① 牛蒡は土を落とし、皮をこそげないようにタワシ等で綺麗に洗う。厚さ3㎜の斜め切りにし、さっと酢水に浸けたらザルに上げる。
② 糸こんにゃくは3㎝くらいに切り、熱湯で茹でてザルに上げる。
③ 牛肉は２～3㎝に切り、焼きやすいように広げておく。
④ フライパンに胡麻油大さじ１を入れて中火にかけ、牛肉を重ならないように並べる。できるだけ動かさないで焼き色がつくまで焼き、返して裏面も同様に焼いたらバット等に取り出す。
⑤ ④のフライパンに胡麻油大さじ1/2を入れて牛蒡を炒め、油がまわれば牛肉とAを入れ、煮汁がほとんどなくなるまで炒り煮する。
⑥ 水150ccを入れ、沸いてくれば糸こんにゃくを入れて中火で煮る。
⑦ 牛蒡がやわらかくなれば強火にし、かき混ぜながら煮汁がなくなるまで炒り煮する。
⑧ 器に盛り、斜め半分に切った絹さやを散らし、好みで七味唐辛子をふる。

※お弁当等のおかずにする時には調味料を少し増やし、濃いめの味にするのがおすすめです。

鱈《たら》

「真鱈」は魚体が大きく大食漢で、大きな口を開け何でも食べる事から、お腹一杯食べる事を「鱈腹（たらふく）」というようになったといわれます。店頭でよく見かける生鱈は塩をふって臭みを取り、塩鱈は薄い塩水に浸けて塩を抜き、それぞれ汁物や焼き物、お鍋等に用いて下さい。白子は「雲子」や「菊子」と呼ばれ、下処理をして酢の物や焼き物、天ぷらにすると美味しいです。真鱈を干したものが「棒鱈」で、北の遠い海から京都に持ち込まれて京野菜の海老芋と出合い、名物料理の炊き合わせ（P123参照）となりました。

一方の「スケトウダラ」はスマートな魚。真子は「花煮」で用いられる他、塩漬けにしたたらこやめんたいこでもおなじみです。身はすり身にされ、蒲鉾《かまぼこ》やちくわの原料になる事が多いです。

雲子のだいだい釜

〈材料〉4人分

雲子 … 150～200g
だいだい … 4個
大根おろし … 適量
大葉 … 4枚
青葱の小口切り
… 適量

A　濃口醤油 … 大さじ3
　　みりん
　　… 大さじ1と1/2
昆布 … 2cm角1枚

〈作り方〉

① だいだいは中身をくり抜いて搾り、皮は割山椒の形に整えてだいだい釜を作る。
② ボウルにAと①の搾り汁大さじ3を合わせ、昆布を浸けてポン酢を作る。
③ 雲子は3%塩水で洗ってヌメリや血を取り除き、綺麗な3%塩水に1時間浸ける。
④ ③を水で洗い、適当な大きさに切る。熱湯で1～2分茹でて冷水に取り、ペーパー等に取って水気を切っておく。
⑤ 大根おろしは軽く水気を切り、②を和える。
⑥ ①のだいだい釜に大葉を敷いて④の雲子を盛り、⑤をのせて葱を天盛りにする。

※雲子は塩水に浸けて丁寧に臭みを取り除いて下さい。だいだいの残った搾り汁はポン酢にして保存しておくと良いでしょう。

鱈のおしい

〈材料〉4人分

生鱈 … 200～250g
おぼろ昆布 … 20g
青葱 … 適量

だし … 750cc
淡口醤油 … 大さじ3/4
塩 … 適量
酒 … 少々

〈作り方〉

① 葱は小口切りにして水にさらし、ザルに上げて水気を切っておく。
② 鱈は3～4cm角に切って両面に塩を軽くふり、10～15分おく。出てきた水分を拭き取り、酒をふりかけておく。
③ 鍋に湯を沸かして鱈を静かに入れ、再び沸いてきたら弱火にし、1分茹でて冷水に取る。
④ 手でやさしく表面のヌメリを取り除き、綺麗に洗って水分を拭き取る。
⑤ 鍋にだしと淡口醤油を入れて火にかけ、沸いてきたら④の鱈を入れる。再度沸いてきたら火を弱めて2分煮て、塩少々を入れて火を止める。
⑥ 器に鱈を入れ、おぼろ昆布を添えて汁を注ぎ①の葱を散らす。

※「おつゆ」の事を京都では「おしい」とも言います。このおしいは、おぼろ昆布と鱈の味の一体感が絶妙です。

鱈の味噌柚庵焼き

〈材料〉4人分
生鱈 … 4切れ
白粒味噌 … 35g
柚子 … 1/3個
塩 … 適量
みりん … 適量
A　酒 … 大さじ2と1/3
　　みりん … 大さじ1と1/3
B　淡口醤油 … 小さじ2弱
　　濃口醤油 … 小さじ2弱
蓮根の甘酢漬け
（P116上段参照）… 4枚

〈作り方〉
① 鍋にAを入れて火にかけ、沸騰したら火を止め、冷めたらBと合わせておく。
② ボウルに白粒味噌を入れ、①を少しずつ入れてよく混ぜ合わせ、味噌幽庵地を作る。
③ 鱈の両面に塩をふってしばらくおき、出てきた水分をペーパー等で拭き取る。
④ バットに鱈を並べて②を入れてなじませ、輪切りにした柚子を上に並べる。
⑤ 時々表裏を返しながら、冷蔵庫で1〜2日漬ける。
⑥ 表面についた汁気をペーパー等で綺麗に拭き取り、グリルで焦がさないように色良く焼く。
⑦ 表になる面に刷毛でみりんを塗り、再びグリルで炙り焼く。
⑧ 器に盛り、菊花形にむいた蓮根の甘酢漬けを添える。

※味噌がついていると焦げやすいので、焼く前に綺麗に拭き取って下さい。⑤で漬け込んだ後で汁気を綺麗に取り除き、ラップで包んで密閉袋に入れて冷凍保存できます。味噌“幽”庵焼きの浸け地に柚子を入れるので、教室では味噌“柚”庵焼きと教えています。

お正月のしたくと料理

―事始《ことはじ》め―

十二月十三日は京都では「事始め」といわれ、この日からお正月迎えの準備を始めるとされています。昔はお世話になった本家や、習い事のお師匠さんに鏡餅を納め、挨拶に行く日でもありました。当時、私のお琴の先生にも父がお鏡さんを持って行ってくれました。ご挨拶に行き、そのお鏡さんが床の間の段飾の中心に飾ってあるのを見るととてもうれしく、父に感謝したものです。

　私の実家にもたくさんの鏡餅の注文がありましたが、今や事始めのお鏡さんを納める人はほとんどないように思います。それでも、生徒さんのなかには「四十年間お琴の先生に欠かさず納めています」と言われる方もいて、まだまだ続けている京都人がいるのだと知り、うれしくなります。

昔、父がお琴の先生に納めていた鏡餅です。裏白の上に二段のお鏡さん、昆布、だいだいを重ねて置き、飾ります。

―おせちの講習―

　この時期、教室ではおせちの講習が続きます。おせち料理といえば、ひと昔前までは、毎日台所仕事に追われる人たちが、お正月の三が日は身体を休めるために暮れに作りおくもので、私の子どもの頃はどこの家庭でも作られていました。現在はお正月早々にスーパー等が開き、家族の人数も少なくなったため、おせち料理を作る人が減りましたね。いろいろな種類のおせちがデパート等で購入できますが、教室の皆さんは習ったおせちを作られる方が多いようです。以前に教えた品も含めてどんなものを重詰めするのか、毎年生徒さんから聞くのを楽しみにしています。

　おせちの講習は他の月とは少し違い、午前十一時前から午後四時

写真右：12月恒例のおせちの講習。生徒さんが家でも再現できるように、作り方を一品一品丁寧に説明していきます。写真左：一人用のおせちがずらり。人数分並んだ折り箱を見ると、今年の教室も終わりだなあと思います。

教室で生徒さんたちと作った一人用のおせち。折り箱の蓋にかける掛け紙は、毎年私が一枚ずつ生徒さんの顔を思い出しながら、「おめでとうございます」と毛筆で書いています。

稲穂（写真上）は高温の油で揚げて飾りに、裏白（写真中）はお重（折り箱）の底に裏の白い方を上向きにして敷きます。長い大王松（写真下）の葉は輪に結んで飾る他、砧巻きに刺しても綺麗です。

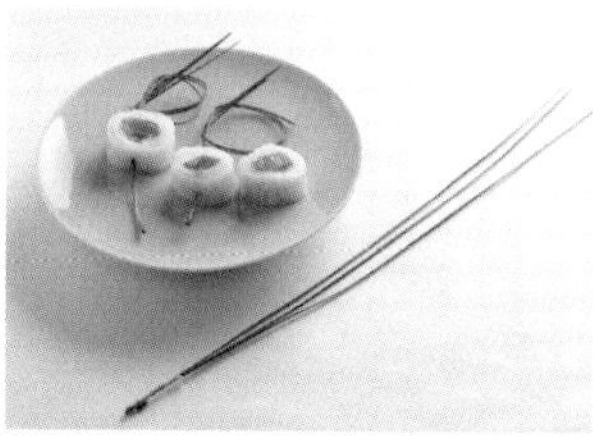

頃までの長時間の講習となり、祝いの三種（私の教室では、ぶどう豆、数の子、たたき牛蒡）や求肥巻きをはじめ、二十数種類を折り箱に盛りつける、一人用おせちを教えています。

前半は私が正面に立って見本を見せながら作り方を説明し、生徒さんには私の手元と何枚ものレシピを見ながら座って聞いていただきます。ひと通り説明が終わると、後半は実習です。狭い部屋なのに大声を出して、「○○さん、たたき牛蒡、切り揃えてゆがき出して。胡麻もあたって（すって）おいて」と、ワイワイガヤガヤ……。最後の箱詰めまで大忙しです。

おせちが人数分でき上がると、「今年のお料理も華やかやわ。どれを作ろうかしら」と、皆それぞれの好みを言い合って、自分の折り箱に蓋をして掛け紙をかけます。この日の昼食は用意しておいた簡単なもので済まし、折り箱は各自持ち帰っていただきます。「先生、これをこのままお正月まで冷凍しておきたいわあ」と言う生徒さんに、「気持ちは分かるけれど、無理無理」と笑いながら、それができたら私も助かるのにと、毎年思います。

おせちは最後の盛りつけも大事

2019年の暮れに重箱に盛りつけた我が家のおせち。
今はどこの家庭も一段や二段重が主流のようです。

です。蓋を開けた時に「わあ、綺麗」と思えるように、色合いや形等が重ならないよう、一品ずつ高さや横幅を考えて切り、丁寧に盛りつけていきます。裏白、ヒカゲノカズラ、バラン、稲穂、大王松《だいおうしょう》等、お重に添えるあれこれも欠かせません。なかでも縁起物の大王松は、字の通り松の王様。葉は三本一組で長さ三十センチもあり、輪っかに結んで飾ると高級感が出ます。

　完成したおせちは、来年作る時の参考にもなるので、写真に残しておく事をおすすめしています。

—暮れ—

おせちに入れるお料理は、それぞれに縁起にちなんだ由来があります。「田作り（ごまめ）」は豊作や健康、「数の子」は子孫繁栄や家業繁盛、「黒豆」は苦労をいとわず小まめに働く事で幸せになるように、「たたき牛蒡」は牛蒡がまっすぐ長く根を張る事から安泰な暮らし。その他にも、穴がたくさんあいている蓮根は見通しの良い一年の事を、種芋を植えると子芋がたくさんつく小芋は子宝に恵まれるように、背がまるまった海老は腰が曲がるまで元気で長生きできるように等、たいていのものに願いが込められています。

我が家の重詰めは、長女の香苗と相談しながら。毎年一段目の手前には祝い三種を盛るように心掛けています。

今は家族の分と数軒分を楽しみながら作っていますが、以前は両親、親戚、知人におせちを頼まれ、三十軒分程を作っていました。三十日の夜はほとんど寝ずの作業、三十一日は昼から数人で重詰めです。重詰め作業は思いの他時間がかかり、終了して配達を済ませる頃には、いつも紅白歌合戦が始まっていました。それから山のように積み上がった洗いものに取り掛かると、いつも途中で除夜の鐘がゴーンゴーンと静かに聞こえてきました。でも、そんな慌ただしい動作も平気でしたね。若かったのだなあとつくづく思います。

我が家に代々伝わる四段重と朱塗りの雑煮椀。昔はこの四段重に料理をぎっしりと詰めていました。

― 明ければ、お正月 ―

「あけましておめでとうございます」

元日は朝からお雑煮を作ります。昔は井戸の初水（若水）と八坂神社の初詣（おけら詣り）でもらってきた火種（おけら火）で、福茶やお雑煮を作りました。今は多くの家が水道水とガス、電気を使用しています。お雑煮は神仏にお供えするものですから、生臭物《なまぐさもの》を慎んで昆布だけでだしをひきます。中には今年もまるう（丸く）暮らせるようにとの願いから、丸餅を入れます。お芋（頭芋）や人参等を入れる事もあります。

若い頃、東京生まれの義兄から「おすましのお雑煮しか食べた事がない」と聞いた時、母の作る白味噌のお雑煮が京都ならではのものだと知りました。あれから五十年近く経ちましたが、今でもお正月には白味噌のお雑煮を食べなければ気が済みません。でき上がると、神様、仏様に供え、皆で拝んだ後にテーブルに着き、かつては主人が「あけましておめでとう。今年も仲良く身体に気をつけて」と言った後、皆で「今年もどうぞよろしくお願いします」と言い合い、新しい一年が始まりました。

今は娘とともにお重詰めをし、娘夫婦二組と七人の孫が勢揃いする賑やかなお正月です。主人の代わりに私が新年の挨拶をして、いつもの白味噌のお雑煮をいただきます。熱い汁をゆっくり味わいながら、「これこれ、やっぱりこのとろりとした白味噌でなくては」と、皆で口を揃えます。

― 白味噌雑煮 ―

普通の味噌汁はだしの中に味噌を溶かし入れるのですが、白味噌雑煮は白味噌に少しずつだしを入れてのばし、漉してから火にかけます。熱くなればヘラでしばらく練り煮した後、火を止めて冷めるまで寝かせ、食べる直前に温めて具材を入れ、器に盛っていきます。もちろん、普通の味噌汁同様に煮沸かしてはいけません。

ちなみに、白味噌は麹が多く塩が少ないため、どんどん発酵が進みます。購入後の保存は、冷凍する事をおすすめします。

写真右：京都で定番の白味噌のお雑煮。焼いた丸餅とお芋、大根、人参、花かつおを添えています。
写真下：白味噌の中に少しずつだしを入れてのばしていき、これを漉して味噌汁地を作ります。

だて巻き

〈材料〉1本分（10切れ程）
卵 … 5個
はんぺん … 60g
A｜だし … 大さじ4
　｜砂糖 … 大さじ3
　｜酒・みりん … 各大さじ1
　｜淡口醤油 … 小さじ1
サラダ油 … 適量
※バット20×25cm

※生地に気泡があると膨らむので、泡立てないように混ぜます。巻きやすいように菜箸を使っていますが、中心に穴はあきます。形が整うので立てておきましょう。

〈作り方〉
① 粗刻みにしたはんぺんと卵1個をミキサーにかけてしっかり混ぜ合わせ、ボウルに移す。
② 別ボウルに残りの卵を割り入れて泡立てないように混ぜ、①のボウルに少しずつ入れて混ぜる。
③ Aを加えてザルで漉し、クッキングシートを敷いたバットに流し入れ、オーブン（180度・15～20分）で表面に焼き色がつくまで焼く。
④ 鬼すだれに油を薄く塗り、③の焼き目を下にしておく。菜箸を芯に手前から巻き、鬼すだれごと両端を輪ゴムで留める（菜箸を使うと巻きやすい）。菜箸を抜いて完全に冷めるまで立てておき、鬼すだれを外して1～2cm幅に切り分ける。

菊花きんかん

〈材料〉作りやすい分量
きんかん … 15個
酒 … 少々
A｜砂糖 … 100g
　｜水 … 200cc

※盛りつける時に上下を軽く押さえて切り目を広げると、菊らしくなり綺麗です。残ったシロップはお湯で割って飲むと温まります。

〈作り方〉
① 鍋にAを入れて火にかけ、沸いたら火を止めて冷まし、シロップを作る。
② きんかんはヘタを取り除き、側面に縦5mm間隔の包丁目を入れる。
③ 鍋にたっぷりの水、酒、きんかんを入れ、中火弱にかけて20分茹でる。
④ ザルに上げて湯を切り、水に放って30～40分さらしておく。
⑤ 切り目の間から金串等を使って種を取り除き、①の鍋に入れる。紙蓋をして弱火で10分煮たら味を見て、好みで砂糖（分量外）を加える。

ぶどう豆（黒豆）

〈材料〉作りやすい分量
丹波黒豆 … 200g
A｜砂糖 … 150g
　｜濃口醤油 … 小さじ1

※空気に触れるとシワが寄ります。常に煮汁に浸かっている状態で豆が顔を出さないように、水を差しながら気長に煮て下さい。深めの鍋を使うと吹きこぼれにくいです。

〈作り方〉
① 黒豆は綺麗に洗ってザルに上げる。
② 深めの鍋に水1000ccを入れて火にかけ、沸いてきたらAを入れて火を止める。
③ 黒豆を入れ、蓋をしてそのまま6～10時間おく。
④ 火にかけて沸騰直前に差し水100ccをし、再度沸いてきたらもう一度差し水100ccをする。
⑤ 丁寧にアクを取り、沸く直前に弱火にして紙の落とし蓋と蓋をする。
⑥ 豆が水面から顔を出さないように時々湯を足しながら、6時間以上豆が踊らないようにごく弱火で煮る。
⑦ 指でつまんでつぶれるくらいやわらかくなれば、火を止めてそのまま1日おく。

紅白なます

〈材料〉作りやすい分量

大根 … 300g

金時人参 … 45～60g

塩 … 小さじ1

甘酢（P172参照）… 100cc

昆布 … 2～3cm角2枚

寿昆布 … 適量

※かたさの違いと色移りを防ぐために、手間ですが大根と人参は別々に処理して下さい。

〈作り方〉

① 大根と金時人参は皮をむいて3cm長さのせん切りにし、それぞれ別のボウルに入れる。

② それぞれに塩をふってしばらくおき、しんなりしたら水洗いして水分をしっかり絞る。

③ 大根と金時人参を混ぜ合わせ、ボウルか保存容器に入れる。

④ 昆布を差し込み、甘酢を入れて数時間浸ける。

⑤ 器に盛り、水で戻した寿昆布を天盛りにする。

抹茶栗きんとん

〈材料〉12個分

さつま芋 … 200g

砂糖 … 20g

抹茶 … 2～3g

湯 … 大さじ2

栗甘露煮 … 小12個

※冷凍可能で、自然解凍で戻して下さい。凍ったまま重詰めすると保冷剤代わりになります。

〈作り方〉

① ボウルに抹茶と砂糖を入れ、綺麗に混ぜ合わせて湯で溶く。

② さつま芋は厚めに皮をむき、1cmくらいの輪切りにして水に浸けてアク抜きする。

③ 鍋に水とさつま芋を入れて火にかけ、串がすっと通るくらいまで茹でる。ザルに上げて湯を切り、鍋に戻して水分が飛ぶまで火にかける。

④ マッシャー等で綺麗につぶし、①を入れてムラがないように混ぜ合わせて12等分にする。

⑤ 丸めて栗甘露煮を押し込み、和布巾に包んで茶巾絞りにして形を整える。

祝い肴（数の子等）

〈材料〉作りやすい分量

数の子 … 300g

A | 酒・みりん … 各50cc
  | 淡口醤油 … 大さじ3
  | だし … 100cc

花かつお … 適量

黒豆（右頁参照）

たたき牛蒡（P124参照）

梅人参旨煮

（P135煮しめ③参照）

… 4個

松葉 … 4本

金箔 … 少々

〈作り方〉

① 数の子は0.5％塩水に入れ、程良く塩気が抜けるまで数回塩水を替えて浸ける。

② 表面を手で軽くこすって薄皮を取り除く。

③ 鍋にAを入れて火をつけ、沸いたら火を止めて冷まし、2等分にする。

④ 半量の③に数の子を浸けてペーパーをかぶせ、花かつおをのせて冷蔵庫で1日おく。

⑤ ④の数の子を取り出して③の残り半量に数時間浸け、数個に切り分ける。

⑥ 器にたたき牛蒡を盛り、数の子は山高に盛って花かつおを散らし、黒豆は松葉に刺し金粉を散らして立てかけ、梅人参旨煮を手前におく。

※数の子の浸け汁は、にごって生臭くなるので⑤で浸け替えて下さい。

亀の子海老芋の旨煮

〈材料〉4 人分
海老芋 (小) … 4 個
米のとぎ汁 … 適量
A | だし … 400cc
　| 砂糖 … 大さじ 2
　| みりん … 大さじ 1 強
　| 淡口醤油 … 大さじ 1
　| 塩 … 小さじ 1/3
梅人参旨煮 (左頁煮しめ③参照) … 8 個
茹で絹さや … 12 枚

※③の細工だけでも亀らしい形に。

〈作り方〉
① 海老芋は変形六方 (六角錐形) にむく。
② 六角形の向かい合う面の中心で半分に切り、それぞれに彫刻刀で亀甲模様を細工する。
③ 上方の側面に包丁で 2 か所浅い切り込みを入れ、両側を切り取って頭と手を作る。
④ 鍋に③を並べて米のとぎ汁を入れ、火にかけグラグラさせないように茹でる。竹串がすっと通れば取り出し、流水で綺麗に洗う。
⑤ 鍋に A を入れて火にかけ、海老芋を入れて落とし蓋をして弱火で 10 分煮る。火を止めて冷ます。
⑥ 器に⑤、梅人参旨煮を盛り、絹さやを添える。

カニとほうれん草の卵巻き

〈材料〉3 本分 (12 切れ)
卵 … 2 個
カニ身 … 80g
ほうれん草 … 1/2 束
塩 … 適量
サラダ油 … 適量
A | 淡口醤油 … 大さじ 1
　| みりん … 大さじ 1

※カニ身の代用として、カニかまぼこを使用しても良いでしょう。

〈作り方〉
① ボウルに卵と塩を入れてよく混ぜ、熱した卵焼き器に薄く油をひいて、薄焼き卵を 3 枚作る。
② ほうれん草は塩熱湯で茹でて冷水に取り、水分をしっかり絞って A をふりかけてしばらくおく。水分を絞り、薄焼き卵の幅に揃え 3 等分に切る。
③ 巻きすに薄焼き卵をおき、手前から半分までほうれん草を均等になるように広げる。カニ身の 1/3 量を芯にして巻いた後、巻きすから外す。
④ ラップで包み、再度巻きすで巻いて輪ゴムで数か所留めてしばらくおく。
⑤ 同様にあと 2 本作り、それぞれを 4 等分に切る。

スケトウダラの子花煮

〈材料〉作りやすい分量
スケトウダラの子 … 200g
生姜 … 5g
だし … 300cc
A | 砂糖 … 大さじ 3
　| 酒 … 大さじ 4
　| 淡口醤油 … 大さじ1と1/2
　| 塩 … 少々
木の芽 … 適量

※皮目の血管の血が残っていると生臭いので丁寧に取り除きましょう。表面の花が咲いたような部分はくずれやすいので、丁寧に扱って下さい。

〈作り方〉
① 生姜は繊維に沿ってできるだけ細いせん切りし、水にさらしてザルに上げる。
② スケトウダラの子はつなぎ目を切り離し、皮目にある血管を竹串等で破って血を出し、水洗いする。3㎝の輪切りにして卵が外側、皮が内側になるようにひっくり返す。
③ 熱湯に水少々を入れて温度を下げ、②のスケトウダラの子を入れ、ごく弱火で 7 〜 8 分火を通す。
④ 表面をつぶさないように冷水に入れ、冷たくなればペーパ等の上に取り出して水分を取る。
⑤ 鍋に①の生姜とだしを入れて火にかけ、沸く直前に A を入れて火を弱める。④を静かに入れて 3 〜 4 分煮たら、冷めるまで浸けておく。
⑥ 表面がつぶれないように器に盛り、木の芽を天盛りにする。

砧《きぬた》巻《ま》き

〈材料〉4本分（12切れ）
サーモン ブロック（刺身用）
…150g
千枚漬け … 直径10cm 4枚
水菜漬け … 60g
甘酢（P172参照）… 適量
A｜塩 … 6g
　｜赤ザラメ … 9～10g

※千枚漬けを利用して簡単に仕上げました。しっかり締めながら巻いて下さい。

〈作り方〉
① サーモンはAをまぶして密閉袋に入れ、冷蔵庫で時々返して半～1日おく。
② ①を綺麗に洗い、ペーパー等で水分をしっかり拭き取る。全体に甘酢をなじませた後、約1.5cm角×8cmの4等分に切る。
③ 水菜漬けも8cm長さに切り、4等分にする。
④ 千枚漬けでサーモンと水菜漬けを巻き、3等分に切る。

煮しめ（ぼたん百合根シロップ煮等）

〈材料〉4人分
百合根 … 小4個
A｜砂糖 … 100g
　｜水 … 200cc
金時人参 … 4cm
B｜だし … 100cc
　｜砂糖・みりん・淡口醤油
　｜… 各大さじ1弱
鶴小芋白煮（P105※印参照）
…4個
椎茸艶煮（P162参照）…4個
茹で絹さや … 8枚

〈作り方〉
① 百合根は汚れや変色した部分を取り除き、1枚ずつ切り込みを入れてぼたん形にする。細工した面を下にして、水から8割程茹でる。
② 鍋にAを入れて火にかけ、沸いてきたらそのまま's しばらく煮詰める。百合根を入れてごく弱火で2分煮たら火を止め、冷めるまでおく。
③ 人参は4等分にし、梅型で抜く。それぞれに細工をし、Bでやわらかくなるまで炊いたら火を止め、冷めるまでおく。
④ 器にぼたん百合根、梅人参旨煮、椎茸艶煮、鶴小芋白煮を盛り、絹さやを添える。

市松しのだ

〈材料〉 4本分（12切れ）
油揚げ … 1枚
蕗水煮 … 8cm 4本
こんにゃく・人参・大根
… 各1.5cm角×8cm 4本
A｜砂糖 … 30g
　｜濃口醤油 … 大さじ1
　｜淡口醤油 … 大さじ1弱
　｜みりん … 大さじ1/2
だし用削り節（7g）…1パック

※4種の具材をぴっちりと組むと綺麗な仕上がりになります。蕗の代わりに、茹でアスパラガスを使っても良いでしょう。

〈作り方〉
① 油揚げは熱湯で30秒程茹でて油抜きし、水分を軽く絞る。長い1辺を残し、3辺に切り込みを入れ、ゆっくりはがしながら広げ4等分に切る。
② 人参と大根はそれぞれやわらかくなるまで茹で、こんにゃくはさっと茹でて臭みを取る。
③ 鍋に油揚げを入れ、ひたひたの水をそそぐ。火にかけ沸いてきたら弱火にし、Aとだしパックを入れる。
④ 落とし蓋をしてしばらく煮たら、こんにゃくと人参を入れて煮汁が少なくなるまで弱火で10分煮る。
⑤ 残った煮汁を別鍋に移し、大根と蕗水煮を浸けておく。
⑥ 人参、こんにゃく、大根、蕗水煮を市松に組み、油揚げで巻いて3等分に切る。

第三章

常の素材と漬け物・保存食

京都で親しみのある豆腐や揚げ、麩をはじめ、卵や肉といった年中手に入る素材について、三品ずつレシピを紹介します。毎年欠かさず作る漬け物や保存食等についてもお伝えしていきます。

麩《ふ》・生麩《なまふ》

幼い頃から、味噌汁やすき焼きに入っていた乾燥の「麩」には親しんできましたが、大人になって「生麩」を知り、京料理の講習においても扱いを学びました。

生麩はもちもちした食感で、私は甘味噌をつける田楽が好みです。調理する時のコツは、焼く・揚げるともに高温で膨らむ前に色をつける事、また炊く時も膨らむ前に火を止める事です。

生麩のなかでも脇役を担うのが、梅、桜、紅葉等の「花麩」です。煮物椀に添えてあると、それだけで季節を感じられますね。

特殊な生麩に、精進料理に使われる「利休麩（昆布だし、醤油、みりんで煮て油で揚げたもの）」があります。教室でも扱いを教え、味わってもらっています。

粟麩《あわ》の吉野煮

〈材料〉4人分

粟麩 … 1本		サラダ油 … 大さじ2〜3
鶏もも肉 … 1枚(300g)	A	酒 … 60cc
葛粉 … 適量		みりん … 40cc
塩茹でスナップエンドウ		濃口醤油 … 大さじ2
… 8個		砂糖 … 大さじ1/2
粉山椒 … 好みで適量		

〈作り方〉

① 粟麩は12等分に、鶏肉は8等分に切って葛粉を全体にまぶす。

② フライパンに油を熱し、粟麩を並べて中火にし、両面を色良く焼いたら取り出す。

③ 油を足し、鶏肉を皮目を下にして焼き、皮が良い色になれば返してしっかり焼く。

④ 鍋にAを入れてひと煮立ちさせ、生麩と鶏肉を入れて煮汁が少なくなるまで中火で煮る。

⑤ とろみが出て程良く煮絡まれば火を止める。

⑥ 器に生麩と鶏肉を盛ってスナップエンドウを添え、粉山椒をふる。

※葛粉が手に入りにくい場合は片栗粉で代用して下さい。

利休麩の白和え衣かけ

〈材料〉4人分

利休麩 … 1個	A	練り胡麻 … 大さじ1
菊菜 … 1/2束		砂糖 … 大さじ1
紅蓼 … 少々		淡口醤油 … 大さじ1/2強
絹ごし豆腐		酒 … 少々
… 1/4丁(100g)	レモン汁 … 大さじ1/2	
	塩 … 適量	

〈作り方〉

① 絹ごし豆腐、A、レモン汁で白和え衣を作る(P142白和え①参照)。

② 鍋に湯を沸かし、利休麩を10秒程茹でて油抜きをして取り出す。軽く水気を絞り、食べやすい大きさに切る。

③ 菊菜は塩熱湯で30〜40秒茹で、冷水に取る。冷めれば水分を絞って3㎝に切る。

④ 利休麩と菊菜を器に盛り、①の白和え衣をかけて紅蓼を天盛りにする。

※利休麩は味つけ後に油で揚げてあるので、さっと茹でて油抜きしました。そのままでも使用できるので、②の工程はお好みで。

生麩田楽

〈材料〉４人分
栗麩・胡麻麩・よもぎ麩
… 各８cm
サラダ油 … 大さじ１強
白田楽味噌（P173参照）… 50g
木の芽味噌（下記参照）… 50g
赤田楽味噌（P173参照）… 50g
木の芽 … ４枚
けしの実 … 適量
※串 … 12本

〈作り方〉
① 生麩はそれぞれ2cm幅に切る。
② フライパンに油を熱し、①の生麩を並べて両面がきつね色になるように中火で焼く。
③ それぞれを串に刺し、栗麩に白田楽味噌を塗って木の芽をのせ、胡麻麩に木の芽味噌を塗り、よもぎ麩に赤田楽味噌を塗ってけしの実を散らす。
④ 器に３種の田楽を盛る。

※生麩は油との相性が良いので、高温の油でさっと揚げても良いです。

木の芽味噌

〈材料〉作りやすい分量
白田楽味噌（P173 参照）
… 120g
木の芽 … 5g
ほうれん草の葉 … 2～３枚
塩 … 少々

〈作り方〉
① ほうれん草の葉は塩熱湯でさっと茹でて冷水に取り、冷めたら水分をしっかり絞って細かく刻む。
② 木の芽は綺麗に洗って水分を拭き取り、粗く刻んですり鉢に入れ、塩をふってしっかりする。①のほうれん草も入れて、さらにしっかりする。
③ 白田楽味噌を入れて綺麗に混ぜ合わせる。

※青寄せ（P21 参照）を作っておくと手早く作れます。保存は冷凍保存して下さい。

湯《ゆ》葉《ば》

濃厚な豆乳を加熱した時にできる表面の皮膜が「湯葉」です。精進料理とともに発展し京料理にも盛んに使われる「生湯葉」は、すくい上げた皮膜を少し乾かしたシート状の「引き上げ湯葉」と、膜ができる直前に表面を寄せてすくい取った「汲《く》み上げ湯葉」があります。そのままをわさび醤油で味わう他、炊き合わせの添えに、酒蒸しにして箸休めに、すりつぶしておだしに入れれば「すり流し」になります。その日中にいただくのがおすすめですが、冷凍すると保存もできます。

生湯葉を乾燥させた乾燥湯葉は、板状の「平湯葉」や小巻き等の「成形湯葉」、引き上げる串に絡みつく「樋《とい》湯葉」等があり、半～一年程保存がきき、湯や水で戻して用います。常備しておくと、味噌汁や和え物にも使えて便利です。

湯葉すり流し

〈材料〉4人分

汲み上げ湯葉…120g
だし…400cc
よもぎ麩…1.5cm幅4切れ
サラダ油…少々
塩茹で海老（P84のしんじょう①参照）…4尾
紅葉麩（緑）
…1cm幅4切れ
木の芽…4枚

A
だし…100cc
葛粉（P161参照）
…20g

B
塩…小さじ1/2
淡口醤油・みりん
…各小さじ1
と1/3

〈作り方〉

① Aのだしで葛粉を溶かしておく。
② フライパンに薄く油をひいて熱し、よもぎ麩を並べて両面を色良く焼く。
③ 別鍋に湯葉を入れ、だしを少しずつ入れて混ぜる。綺麗に混ざればBを入れて混ぜる。
④ 火にかけて沸いてきたら①を少しずつ入れ、とろみがつけば弱火にして2～3分練る。
⑤ 器によもぎ麩と海老を盛り、ふちから静かに④を流し入れ、紅葉麩を添えて木の芽を天盛りにする。

※汲み上げ湯葉はひと手間かけてすり鉢ですってなめらかにしておくと、口当たりが良くなります。

汲み上げ湯葉の酒蒸し

〈材料〉4人分

汲み上げ湯葉
…250g
塩…少々
酒…大さじ3
わさび…適量

A
だし…500cc
葛粉（P161参照）…25g
塩…小さじ1/3
淡口醤油
…小さじ1と1/3
みりん…小さじ1と1/3

〈作り方〉

① 器に湯葉を入れて塩をふって酒をかけ、蒸気の上がっている蒸し器で10分蒸す。
② Aの材料で銀あんを作る（P171参照）。
③ 蒸し上がった①に銀あんを静かに入れ、わさびを添える。

※湯葉を使った京都らしいやさしい味のお料理です。寒い日の身体を温める一品におすすめです。

東寺揚げ

〈材料〉4人分
引き揚げ湯葉 … 4枚
長芋 … 100g
海老 … 4尾
蓮根 … 40g
百合根 … 50g
三つ葉 … 8本
塩 … 適量
揚げ油 … 適量

〈作り方〉
① 湯葉は四角形になるように2等分に切る。
② 長芋は皮をむいて酢水に浸け、しばらくしたら水洗いしてすりおろす。
③ 海老はP85①を参照して処理する。鍋に塩熱湯を沸かし、海老を入れて2～3分茹でる。冷水に取り、冷めれば1㎝に切る。
④ 蓮根は皮をむいて粗みじんに切り、鍋に薄い酢水とともに入れて火にかける。沸騰すれば火を弱め、2～3分茹でてザルに上げる。
⑤ 百合根はばらして汚れや変色した部分を取り除いて洗い、1㎝角に切る。水から茹でて沸騰後1分したらザルに上げておく。
⑥ ボウルに②の長芋、③の海老、④の蓮根、⑤の百合根、塩少々を入れて混ぜ、8等分にする。
⑦ ①の湯葉を広げて⑥をおき、巾着に包んでそれぞれ三つ葉で結ぶ(8個作る)。
⑧ 180度の油に入れ、湯葉が固まってくれば返し、色良くなるまで揚げる。
⑨ 器に盛って塩少々をふる。

※昔、東寺(京都市南区)で湯葉が作られていた事から、湯葉を使ったお料理に「東寺」という名がつく事があります。お好みで天つゆや抹茶塩を添えて下さい。

豆《とう》腐《ふ》

豆腐は「畑の肉」といわれる大豆の代表的な加工品です。「木綿」や「絹ごし」の他、最近では「ソフト豆腐」、「おぼろ豆腐」等も人気になりました。できるだけ早く使うのが望ましいですが、私は、蓋つきの容器に水をはって冷蔵庫で保存し、毎日水を替えて二〜三日で食べ切るようにしています。

水切りは、時間があれば重しをせずに何重にも重ねたペーパーの上に豆腐をのせ、冷蔵庫で半日おくと、程良く水分が抜けます。

豆腐を作る過程で豆乳を絞った後に残るのが「おから」です。「からっぽ」につながるのを嫌がり、「うの花」という美しい言葉を使うお料理屋さんもあります。

「高野豆腐」は豆腐を凍結・熟成した後に解凍・乾燥させたもので、京都のおばんざいでは、戻して旨煮にする料理が代表的です。

白和え

〈材料〉4 人分

絹ごし豆腐
… 1/2 丁（200g）
空豆 … 12〜15 粒
海老 … 中 4 尾
しめじ … 50g

A
練り胡麻 … 大さじ 2
砂糖 … 大さじ 2
淡口醤油
… 大さじ 1 強
酒 … 少々

レモン汁 … 大さじ 1

〈作り方〉

① 豆腐はペーパー等で包み、重しをのせて 30 分おいて水分を抜く。粗くずしにしてフードプロセッサーにかける。A を加えてさらになめらかになるまでかけ、ザルで漉したらレモン汁を混ぜる。
② 空豆は茹でる（P54 ひばり和え①参照）。
③ 海老は P85 ①を参照して処理し、塩熱湯で 2〜3 分茹でたら冷水に取り、1cmに切る。
④ しめじは 2cmくらいに切り、塩熱湯で 30 秒茹でたらザルに上げ、塩をふって冷めるまでおく。
⑤ 食べる直前に空豆、海老、しめじを混ぜ合わせ、①の白和え衣で和えて器に盛る。

※調味料に練り胡麻を入れると、コクが出て風味が増します。

焼き豆腐ポン酢かけ

〈材料〉4 人分

絹ごし豆腐
… 1/2 丁（200g）
片栗粉 … 適量
サラダ油 … 大さじ 2
青葱 … 2 本
大根おろし … 大さじ 4
ポン酢 … 大さじ 4〜6

〈作り方〉

① 葱は小口切りにして水にさらし、ザルに上げて水分を切る。
② 豆腐はペーパー等で包み、重しをのせて 30 分おいて水分を抜く。
③ 4 等分に切り、全体に片栗粉をまぶして 10 分おく。
④ 焼く寸前に、再度片栗粉を全体にまぶす。
⑤ フライパンに油を熱し、豆腐を並べて全面がきつね色になるように焼く。
⑥ 器に盛り、大根おろしと①の葱を天盛りにしてポン酢をかける。

※先につける片栗粉はしばらくおいてなじませる事でノリの役割をします。二度づけする事により衣がはがれにくく厚くなるので、表面がかりっと仕上がります。

京風おから

〈材料〉作りやすい分量

おから … 300g
人参 … 60g
油揚げ … 1/2枚(75g)
こんにゃく … 1/2枚
するめいかの下足 … 1杯分
さつま芋 … 100g
青葱 … 適量
酒 … 大さじ2
濃口醤油　少々

A | 濃口醤油 … 大さじ1弱
　| 砂糖 … 大さじ1弱
　| 水 … 大さじ2

B | だし … 400cc
　| 淡口醤油 … 大さじ4
　| 砂糖 … 大さじ4

C | サラダ油 … 大さじ2
　| 胡麻油 … 大さじ2

〈作り方〉

① いかの下足は5㎜長さに切って小鍋に入れる。Aを入れて火にかけ、水分がなくなるまで煮る。
② 油揚げは熱湯で油抜きして軽く絞り、こんにゃくは下茹でし、人参は皮をむいてそれぞれ1.5㎝長さのせん切りにする。
③ 中鍋にBを入れて火にかけ、沸騰後②を入れ中火弱で5分煮たら火を止め、そのまま冷めるまでおく。
④ さつま芋は1㎝角に切って茹で、青葱は小口切りにする。
⑤ 大鍋にCを入れて熱し、おからを入れて混ぜながら弱火で2〜3分炒め、酒、①の下足、③の具材を汁ごと入れる。
⑥ ごく弱火にし、10〜15分炒り煮して水分を飛ばし、濃口醤油を混ぜる。
⑦ さつま芋と青葱を入れて均等に混ぜ、バットに広げて水分を飛ばしながら冷ます。

※おからを炒めてから具材を煮汁ごと入れ、弱火でじっくりと炒り煮にし、水分をしっかり飛ばして下さい。いかの下足の甘辛煮とさつま芋を入れる、我が家風のおからです。

揚《あ》げ

絞り豆腐を揚げたもので、厚みがある「厚揚げ」、薄い「薄揚げ＝揚げ」、くずして具材を入れた「ひろす（ひろうす）」があります。

揚げは、京都では「お揚げ、お揚げさん」と呼ばれ、家庭はもちろん、京料理、精進料理等にもなくてはならない素材です。余分な油は湯通しで除く他、ペーパーで押さえたり、焼いて浮いてきた油を拭き取って料理に用います。

お揚げの甘煮は甘めの汁でゆっくり煮るのがコツで、寿司飯を詰めれば「おいなりさん」に、うどんに入れれば「きつねうどん」になります。おつゆをあんかけにし、刻み揚げを入れると「たぬきうどん」になりますが、私はこれにも甘煮を入れるのが好きです。肉の代わりに揚げを入れたカレーうどんもなじみのある一品。「カレーなんば」と呼ぶ店もありますね。

カレーなんば丼

〈材料〉４人分

ご飯 … ２合分
油揚げ … 100g
九条葱 … ２本
うどん用だし（市販）… 600cc
カレールウ（フレーク）… 40g
水溶き片栗粉（片栗粉・水 … 各大さじ 3）

〈作り方〉

① 油揚げはペーパー等で押さえて油を拭き取り、1×3cmに切る。
② 葱は斜め切りにする。
③ 鍋にうどん用だしを入れて火にかける。沸いたら火を止め、カレールウを入れて溶かす。
④ 再び火をつけ沸いてきたら中火弱にして水溶き片栗粉を入れ、とろみをつける。
⑤ ④に葱と油揚げを入れ、沸いてきたら火を止める。
⑥ 器に炊き立てのご飯を盛り、⑤をかける。

※市販のうどんだしを使用して手軽に作れるので、忙しい時におすすめの一品です。九条葱が手に入らない場合は、青葱で代用して下さい。

袋煮

〈材料〉４人分

いなり用揚げ … ４枚
餅 … ４個
かんぴょう … 50cm
椎茸艶煮（P162 参照）… ８個
茹でオクラ … ４本
紅葉麩 … ４切れ

A
だし … 100cc
淡口醤油 … 大さじ１弱
みりん … 大さじ１弱

B
だし … 300cc
濃口醤油 … 大さじ1/2強
淡口醤油 … 大さじ1/2
砂糖 … 大さじ１強
酒・みりん … 各大さじ1/2

〈作り方〉

① かんぴょうは水でぬらし塩でもみ、水洗いして茹でる。12cm長さ４本と食べやすい長さに切る。
② 鍋にAを入れて火にかけ、沸いたらかんぴょうを入れ、5～6分経てば火を止めそのままおく。
③ 油揚げは油抜きし、１辺に切り目を入れて袋状に開き、餅を入れてかんぴょうで縛る。
④ 鍋にBを入れて火にかけ、沸いてきたら③を入れ、落とし蓋と蓋をして中火弱で５～６分煮る。
⑤ 紅葉麩を入れたらすぐに火を止め、袋の上下を入れ替えて冷めるまでそのままおく。
⑥ 食べる直前に温めて器に盛り、椎茸、かんぴょう、オクラを添えて紅葉麩を飾る。

いなり寿司

〈材料〉20個分
米 … 2合
昆布 … 3〜4cm角1枚
酒 … 大さじ1
A | 酢 … 46g
　| 砂糖 … 27g
　| 塩 … 5g
いなり用揚げ … 10枚
だし用削り節
… 2パック（14g）
B | 濃口醤油 … 大さじ2
　| 淡口醤油
　| … 大さじ1と1/2
　| みりん … 大さじ1
　| 砂糖 … 60g
炒り胡麻 … 大さじ3〜4
生姜の甘酢漬け … 適量

〈作り方〉
① 油揚げは熱湯で油抜きして軽く絞り、鍋に並べ入れる。かぶるくらいの水を入れ、火にかける。
② 沸騰してきたらBとだしパックを入れ、落とし蓋と蓋をして弱火で10分煮る。
③ 蓋を取ってさらに10分煮たら落とし蓋も取り、中火で煮る。煮汁が鍋底1cm程になったら火を止める。
④ 米、昆布、酒、Aで寿司飯を作る（P32「寿司飯の作り方」①〜③参照）。温かいうちに、胡麻と③の油揚げの煮汁大さじ4を混ぜる。
⑤ ④の寿司飯を集め、ぬれ布巾で覆って休ませる。
⑥ 油揚げは斜め半分に切り、寿司飯は20等分にして軽く握っておく。
⑦ 油揚げの切り口を広げて寿司飯を入れ、隅までいくように指先で押し込んで詰める。
⑧ 切り口を下にして形を整えて盛りつけ、生姜の甘酢漬けを添える。

※寿司飯に煮汁を混ぜると水分が多く感じますが、揚げに包んでいただく頃にはちょうど良くなっています。

卵

卵を使ったお料理はたくさんあります。そのなかでも「京の卵料理は？」と聞かれると、私は「だし巻き」と答えます。教室ではだし巻きのだしの量は卵の半量で教えているので、まず卵を計量してだしの分量を割り出すようにしています。だし巻きは、切った断面に焼き色がない状態が好ましいので、焼く時は卵液を少し多めに流し入れ、焼き面は色がつかず乾き、上面はまだ半熟のうちに巻いていくと綺麗に仕上がります。焼き上がれば巻きすで包んで形を整え、立てかけて粗熱が取れるまでおいて水分を落とします。

「茹で卵」もよく料理に使います。殻を綺麗にむくには、茹で上がったら流水で冷ましながら殻に亀裂を入れます。中心が冷たくなるまで氷水に浸けてから、全体に亀裂を起こしてむいて下さい。

袱紗《ふくさ》卵焼き

〈材料〉作りやすい分量
卵 … 6 個
百合根・人参 … 各50g
茹で三度豆 … 20g
きくらげ（乾燥）… 2g

A
淡口醤油 … 大さじ1
みりん … 大さじ1/2
塩 … 少々

サラダ油 … 適量
※流し缶15×12㎝

〈作り方〉
① 百合根は汚れている部分を取り除いて1㎝角に切り、水より茹でてザルに上げる。
② 人参は皮をむいて3㎝長さのせん切りにし、きくらげは水で戻して細くせん切りにし、それぞれ茹でてザルに上げる。
③ ボウルに卵を割りほぐしてAを混ぜ、1/5量を別に取りおく。
④ ③のボウルに百合根、人参、斜め細切りにした三度豆、きくらげを入れて混ぜる。
⑤ フライパンに油をひいて中火で熱し、④の卵液を入れてゆっくり混ぜる。半熟状態になれば火を止め、③で取りおいた卵液を入れて混ぜ、オーブンシートを敷いた流し缶に流す。
⑥ 180度のオーブンで10分、160度にして5分焼く。冷めれば流し缶から外して切り分ける。

※取りおいた卵液をつなぎ役として、隙間を埋めて下さい。

茶碗蒸しカニあんかけ

〈材料〉4人分
卵 … 2 個
だしa（冷やしておく）… 400cc

A
塩 … 小さじ1/2
弱（2g）
淡口醤油 … 小さじ1/2

だしb … 150cc

B
塩 … 少々
淡口醤油 … 小さじ1/2
みりん … 小さじ1/2

C
葛粉（P161参照）… 10g
だし … 50cc
※混ぜ溶かしておく

カニ身 … 40～60g
茹で三つ葉の軸 … 少々

〈作り方〉
① 卵、だしa、Aで卵液を作る（P27①②参照）。
② 器に入れ、ラップを引っ張りながらシワがないようにぴっちりと張ってかぶせる。
③ 蒸籠に入れ、12～15分蒸す（P27⑤⑥参照）。
④ 鍋にだしbを入れて火にかけ、沸騰直前にBを入れる。沸いてきたらCを少しずつ入れ、とろみがついてきたら弱火で2～3分練る。
⑤ ④にほぐしたカニを入れて火を止め、蒸し上がった③にかける。三つ葉を刻んで散らす。

※茶碗蒸しに具材は入れず、カニあんの風味を楽しんで下さい。

う巻き

〈材料〉4人分
卵 … 3個（150cc）
だし … 75cc
A | 塩 … 1g
淡口醤油 … 小さじ1/2
水溶き片栗粉（片栗粉・水 … 各小さじ1/2）
鰻のかば焼き … 1×12cm 2本
サラダ油 … 適量

〈作り方〉
① ボウルに卵を割って泡立てないようにしっかり混ぜ、だしを入れて混ぜたらザルを通す。
② 別のボウルにAを混ぜ合わせ、①に入れて混ぜる。
③ 卵焼き器を熱し、多めの油を入れてペーパー等で拭き取る。
④ 中火強にし、卵焼き器に筋を書くように箸で卵液を落とし、ジューと弱い音がして卵がすぐに固まるようなら卵液を入れる。
⑤ 全体に卵液が行き渡るように流し、少し固まれば火からおろして手前2cmの部分に鰻をおいて芯にして巻く。
⑥ 鍋の空いている部分に油をひいて火にかけ、⑤で巻いた卵を動かして鍋全体に油をひく。
⑦ 手前に卵を寄せ、空いている部分に卵液を流し、巻いた卵を持ち上げて下にも卵液が行き渡るようにする。
⑧ 巻いた卵の側面に斜めに箸を差し込み、鍋を上下に動かして反動で卵を持ち上げるようにして巻いていく。
⑨ ⑥、⑦、⑧の作業を繰り返して巻き上げ、巻きすに包み形を整える。
⑩ 切り分けて器に盛る。

※塩がザルに残る場合があるので、調味料はザル通しをした後で加えて下さい。火加減は常に中火強にし、巻いていく時は火から卵焼き器を離して焼き色がつかないようにしましょう。お好みで、大根おろしに淡口醤油を落として添えても。

鶏《とり》肉《にく》

鶏肉は焼く、揚げる、煮る、蒸す等のいろいろなお料理に活用できます。用途により部位を選び、使い分けて下さい。

「もも肉」は肉質が締まり、コクと旨味があります。「胸肉」は肉厚で脂肪が少なく、もも肉よりやわらかくて味は淡白です。「ささみ」は胸肉の内側にある笹の葉形の肉で、最も脂肪分の少ない部位です。中央に筋があるので、取り除いてから用いて下さい。

京都の銘菓「松風《まつかぜ》」に見立てたお料理に、ひき肉で作る「鶏松風」があります。ひき肉に味噌を練り込み上面にけしの実をふって焼いたもので、おせちに入れる事も多いですね。

鴨の胸肉を使う「鴨ロース」もとても美味しいお料理です。家では手間がかかるので、お料理屋さん等でぜひ味わってみて下さい。

鶏ご飯

〈材料〉4人分

ご飯 … 2合分
鶏もも肉(皮なし) … 150～200g
牛蒡 … 70g
A 砂糖 … 大さじ1弱
　濃口醤油 … 大さじ2
サラダ油 … 適量
大葉 … 10枚
炒り胡麻 … 大さじ2

〈作り方〉

① 鶏肉は余分な脂を取り除き、1cm角に切る。
② 牛蒡はささがきにし、酢水にさっと浸けたらザルに上げ、水気を切る。
③ 大葉は縦半分に切って細くせん切りにし、水に放ってばらしたらザルに上げ、水気を切る。
④ フライパンに油を熱して鶏肉を入れ、しっかり焼いたらボウル等に取り出す。
⑤ 油を少し足して牛蒡を炒め、しんなりしたら鶏肉を戻してさっと炒める。
⑥ ⑤にAを入れ、煮汁がほとんどなくなるまで煮絡めたらご飯と合わせ、大葉と胡麻も入れて練らないように混ぜ合わせる。

※混ぜご飯なので、鶏肉は焼き色がつくようにしっかり焼き、中まで火を通すようにして下さい。

鶏ささみの胡麻酢添え

〈材料〉4人分

鶏ささみ … 中3本
大葉 … 5枚
茗荷 … 1個
酒・塩 … 各少々
A 練り胡麻 … 30g
　砂糖 … 大さじ1弱
淡口醤油 … 大さじ1
酢 … 大さじ1～2

〈作り方〉

① 鶏ささみは筋を取り除き、中央に切り込みを入れて開き、酒と塩をふってしばらくおく。
② 鍋に湯を沸かし、鶏ささみを入れて弱火にし1分経ったら火を止めて蓋をする。5～6分経てば取り出してラップに包み、冷めたら手でできるだけ細かくさく。
③ 大葉は洗い、縦半分に切って細くせん切りにする。茗荷は1枚ずつはがして重ね、斜めに細くせん切りにする。ボウルに水をはり、大葉と茗荷を入れて混ぜたらザルに上げておく。
④ ボウルにAを入れ、しっかり混ぜたら淡口醤油を混ぜ、酢を少しずつ入れて綺麗に混ぜる。
⑤ 器に鶏ささみを山高く盛って③を天盛りにし、④を添える。

※鶏のささみは火を入れ過ぎるとかたくなりパサつくので、余熱でゆっくり火を入れてやわらかく仕上げましょう。

焼き鳥丼

〈材料〉4人分
ご飯 … 2合分
鶏もも肉 … 2枚
伏見唐辛子 … 8本
照り焼きダレ（P172参照）
… 大さじ6
塩 … 少々
サラダ油 … 適量
粉山椒 … 適量

〈作り方〉
① 唐辛子は縦半分に切り、種を除いて洗う。水分を取り除き、2〜3等分に切る。
② 鶏肉は余分な脂や筋を取り除き、身の全体に浅く切り目を入れて筋を切り、皮にはフォークで穴をあける。縦半分に切り、全体に塩をふって手で押さえながらなじませる。
③ フライパンに油を熱して②の鶏肉を皮目を下にしておき、しばらく落とし蓋等で押さえて焼く。皮がパリッとなり、まわりが白っぽくなれば返して身側も焼き、火が通ったら取り出す。
④ フライパンに残った脂を拭き取り、唐辛子を入れてさっと炒めて火を止める。
⑤ ③の鶏肉とタレを④に入れて中火にし、煮絡める。とろみが出てくれば火を止めて鶏肉を取り出し、食べやすい大きさに切る。
⑥ 器にご飯をよそい、鶏肉をのせて唐辛子を添え、フライパンに残ったタレをかけて粉山椒をふる。

※鶏肉を焼いた後のフライパンは余分な脂があると臭みが残ったり焦げつきの原因になるので、タレを入れる前に綺麗にして下さい。

牛肉《ぎゅうにく》・豚肉《ぶたにく》

京料理においては、鴨肉、鶏肉を主体にする事が多いですが、家庭料理のなかでは、牛肉や豚肉をよく使います。

関東では豚肉が主流と聞きますが、関西では「晩ご飯はお肉やで」と言うと牛肉を指し、すき焼き、肉じゃがともに牛肉で作る家庭が多いようです。牛肉は部位がいろいろあるので、私は「肉じゃがを作るのですが」等、価格も考えながらお料理に合わせてお店の方に相談して求めています。

「さし」等の脂身の量も、お料理により考えながら選ぶようにしています。牛肉のしぐれ煮は、赤身肉よりも脂（白身）が程良くある手頃なお肉で作ると、しっとりやわらかく仕上がります。冷めると脂が白く固まってくるので、温かいうちにザルに上げ、脂を落として仕上げるようにしましょう。

牛肉のしぐれ煮

〈材料〉作りやすい分量（でき上がり350g）

牛肉薄切り … 500g
炒り胡麻 … 大さじ3

A
砂糖 … 70g
濃口醤油 … 60cc
水 … 800cc

〈作り方〉

① 牛肉は6～7cmくらいの長さに切る。
② 鍋にAを入れて火にかけ、沸いてきたら牛肉をばらしながら入れる。
③ 再度沸いてきたらアクを取り、蓋をして中火弱で牛肉が箸でさけるくらいになるまで30～40分煮る。
④ 蓋を取って少し火を強め、時々混ぜながら煮汁がなくなるまで煮詰める。
⑤ ザルに上げて余分な脂を取り除いて鍋に戻し、胡麻を混ぜ合わせる。

※少し脂がある牛肉を使うと、やわらかく仕上がります。レタスで巻いたり、おにぎりの具としてもどうぞ。

豚の角煮

〈材料〉作りやすい分量

豚三枚肉ブロック … 1kg
おから … 300g
サラダ油 … 適量
温度卵（P93参照）… 適量

A
砂糖 … 60g
濃口醤油 … 70cc
酒 … 100cc
だし用削り節 … 2パック（14g）

溶き辛子 … 適量

〈作り方〉

① 豚肉は6～7等分（150～160gずつ）に切る。
② フライパンに油を熱して①の豚肉を入れ、しっかり焼き目がつくように全面を焼く。
③ 鍋におからとたっぷりの水を入れ、火にかけて沸騰すれば②の豚肉を入れ、串がすっと通るまで2時間程弱火で煮る。
④ 湯で洗っておからを落とし、水分を拭いてバットに並べ、ラップをかけて冷蔵庫で冷やす。
⑤ 3～4等分に切って鍋に並べ、豚肉の上2cm程の水とAを入れて火にかける。沸騰したら落とし蓋をして中火にし、30分程煮て火を止める。
⑥ 煮汁のみを冷蔵庫で冷やし、脂が固まれば取り除いて⑤の肉の鍋に戻し、煮詰める。
⑦ 器に盛り、温度卵と辛子を添える。

※豚肉はおからを入れて下茹でし、余分な脂を引き出して除きましょう。④で冷やす事で切りやすくなります。

肉じゃが我が家風

〈材料〉４人分
牛肉薄切り … 200g
じゃがいも … 600g
糸こんにゃく … １袋
サラダ油 … 少々
A　砂糖 … 大さじ３
　　濃口醤油 … 大さじ３
B　砂糖 … 大さじ１
　　濃口醤油 … 大さじ１
　　酒 … 大さじ３
　　みりん … 大さじ１
茹で絹さや … 適量

〈作り方〉
① じゃがいもは皮をむいて適当な大きさに切り、やわらかくなるまで茹でたらザルに上げ、水気を切る。
② 糸こんにゃくは適当な長さに切り、熱湯でさっと茹でたらザルに上げ、水気を切る。
③ 牛肉は４～5cmに切り、１枚ずつ広げておく。フライパンに油を熱し、牛肉を広げて並べ、中火で焼く。片面に焼き色がつけば返して焼き、Aを入れて煮絡ませたらバット等に取り出す。
④ ③のフライパンに水100ccとBを入れ、底についている焼き跡をヘラ等で洗うようにこそげ取る。
⑤ 鍋に①のじゃがいも、②のこんにゃく、③の牛肉の順に（じゃがいもが一番下になるように）重ね入れ、④の液体を入れる。
⑥ ⑤を中火にかけて３分程煮たら、時々鍋をふって上下を返し、煮汁がなくなるまで煮る。
⑦ 器に盛り、茹で絹さやを散らす。

※汁気たっぷりの肉じゃがではなく、水分がほとんどない我が家風です。牛肉は重ならないように広げ、できるだけ触らないようにして両面しっかり焼き色をつけて下さい。

乾《かん》物《ぶつ》

京のおばんざいによく用いられる乾物。いつも手に入り保存がきくため「時知らず」等といわれ、昔はどこの家でも多種多様のものを常備し、あらめ、小豆のように毎月決まった日に食べるものもありました。

ほとんどのものは、戻して使用します。戻し方はそれぞれで、ひじきやあらめはたっぷりの水に浸け、やわらかく戻ったらよく水洗いして汚れを取り除いて用います。干ししいたけは、低温水で五〜十時間かけて戻して下さい。私は戻してから水分を切って密閉袋に入れ、冷凍保存し、いつでも使えるようにしています。

豆類は長時間水に浸けて、倍くらいの大きさになるように戻します。煮る時は煮くずれないように、落とし蓋代わりに軽い紙を使用すると良いでしょう。

切り干し大根

〈材料〉作りやすい分量

切り干し大根 … 50g
油揚げ … 1/2枚(75g)
サラダ油 … 少々
A　水 … 600cc
　　だし用削り節
　　… 2パック(14g)
B　みりん … 小さじ2
　　淡口醤油
　　… 大さじ1と1/2
　　濃口醤油
　　… 大さじ2強
　　酒 … 大さじ2
　　砂糖 … 大さじ1

〈作り方〉

① 切り干し大根は軽く洗い、ぬるま湯に15分程浸けて戻す。よく水洗いして5cm長さに切り、水分を絞る。
② 油揚げは熱湯で30秒程茹でて油抜きし、2〜3cm長さの細切りにする。
③ 鍋に油を熱し、切り干し大根と油揚げを入れて少し炒める。
④ Aを入れ、火を強めて沸いてきたらアクを取る。
⑤ Bを入れて落とし蓋と蓋をし、火を弱めて5分煮る。
⑥ 蓋と落とし蓋を取り、火を強めて混ぜながら煮汁がほとんどなくなるまで煮る。

※人参を入れると彩りも良くなるので、おすすめです。

みつまめ

〈材料〉4人分

糸寒天 … 3g
砂糖 … 大さじ2弱
イチゴ・キウイ等のフルーツ … 各適量
甘納豆 … 適量
A　水 … 200cc
　　砂糖 … 65g
　　塩 … 少々
B　レモン汁 … 少々
　　ブランデー
　　… 大さじ1弱

〈作り方〉

① 鍋にAを入れ火にかけ、1割程度煮詰めたら火を止めて冷ます。冷めたらBを入れてシロップを作り、冷蔵庫で冷やしておく。
② 糸寒天は細かく切り、たっぷりの水に長時間浸けてふやかしておく。
③ 鍋に水380cc、水気を絞った糸寒天を入れ、混ぜながら弱火にかける。糸寒天がすっかり溶けたら混ぜながら2〜3分煮て、砂糖を入れて混ぜる。砂糖が溶けたら火を止め、計量して350ccに足りなければ湯を足し、多ければ煮詰める。
④ 水でぬらしたバットに流し入れ、冷ます。固まれば、サイコロ状に切る。
⑤ ①のシロップ、④の寒天、カットしたフルーツ、甘納豆を入れて軽く混ぜ、冷蔵庫で冷やす。

※糸寒天は溶けやすいように細かく切って用いて下さい。

白花豆のみつ煮

〈材料〉作りやすい分量
白花豆 … 2カップ
グラニュー糖 … 250g
塩 … 少々

〈作り方〉

① 白花豆は虫食いや悪いものは取り除き、綺麗に洗って鍋に入れ、たっぷりの水を入れて長時間浸ける。
② 元の大きさの2.5倍くらいになれば、浮き上がってきた豆は取り除いて弱火にかける。しばらく煮たら、中火弱にする。
③ 沸いてきたら弱火にし、15分煮たら茹で汁を捨てる。
④ たっぷりの水を入れて火にかけ、③の作業を2～3回繰り返す。
⑤ 豆の上3㎝くらいまで水を入れ、紙の落とし蓋を数枚重ねて火にかけ、沸いてきたら蓋をしてごく弱火にする。
⑥ 豆が充分やわらかくなるまで40～50分煮たら火を止め、蓋をして30分～1時間蒸らす。
⑦ 再度火をつけて弱火にし、グラニュー糖を2～3回に分けて入れながら15分程煮る。
⑧ 塩を入れて5～10分煮たら火を止め、一晩おいて味を含ませる。

※紙の落とし蓋は、最後までしておきましょう。蓋は吹きこぼれるようなら少しずらし、蒸気を逃がして下さい。

漬け物・保存食

―らっきょう―

春終わりから初夏にかけて、新生姜、らっきょう、山椒の実、梅と、保存しておける食材が出まわります。しかし旬は短いので、次々と手掛けていかなければなりません。昔は「梅雨までの手仕事」と、せっせとこなしていました。

特にらっきょうは主人の若い頃からの好物で、毎年欠かさず三～四キロは漬けていました。以前は土つきのらっきょうを買って処理し、塩漬けにしてから干して本漬けをしていましたが、最近は袋入りの洗いらっきょうを手に入れて直接漬けています。手間がかからず簡単なので、教室でもこちらの方法で教えています。自家製のらっきょうはあまり失敗がなく美味しくでき、何より安上がりなのがうれしいですね。

―山椒の実―

山椒の実は枝から一粒一粒外すのがとても大変。ですが、旬の内に処理し保存しておかなければ、青い山椒はいつでも手に入るものではありません。昔は冷凍が容易ではなかったので醤油漬けや塩瓶詰めが主流でしたが、今は茹でて氷水で色止めし、しっかり水分を取って冷凍しておきます。こうして保存しておけば次のシーズンまで青々として、ちりめん山椒や煮魚等のお料理にいつでも使えます。

―京のぶぶ漬け―

盆地に広がり、いろいろな野菜が栽培されてきた京都。大量にできた野菜の保存方法の一つとして発達してきたのがお漬け物です。「しば漬け」、「すぐき漬け」、「千枚漬け」は、今では代表的な京みやげになっています。

ところで、「京のぶぶ漬け」という言葉を聞いた事があるでしょうか？「ぶぶ」とは「おぶう」等ともいわれお茶の事を指し、「ぶぶ漬け」はお茶漬けを意味します。他人様のおうちにお邪魔した際、ご飯時までいて「ぶぶ漬けでもどうどす？」と言われる事があっても、これは愛想で言っているので

写真右：新生姜は甘酢漬けに。小分けにして綺麗に洗い、ピンクの部分を切って（取りおく）スライスします。熱湯にピンクの部分も一緒に入れて1～2分ゆがき、ザルに上げて塩をふり、冷めたら甘酢に漬けます。2～3ヶ月で美味しくなり、煮沸消毒した綺麗な瓶に入れておくと冷蔵庫で10ヶ月程保存できます。写真左：京みやげでも人気の「ちりめん山椒」（レシピP168）。時間をかけ、炒り煮するのがコツです。

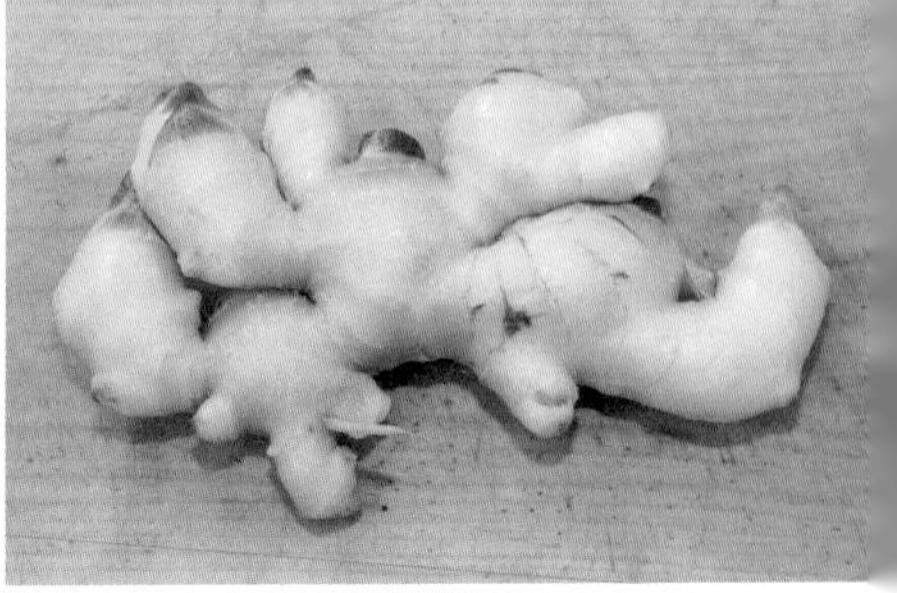

あって決して真に受けてはいけない……。京都人の「いけず」を表す時に、このぶぶ漬けの話がよく引き合いに出されます。でも、私は今までそんな意地悪をされた経験はありませんし、そんな話を耳にした事もありません。

京都の人は相手を前に本音を言わず、遠まわしな表現をするともいわれますが、私は相手を気遣い「やんわり」と伝える、京都人の優しさだと思っています。

ぶぶ漬けに添えた生しば漬け、大根の漬け物、塩昆布。昔の京都の商家は昼ご飯中心の食生活で、ご飯はお昼に炊いていたのだそう。夜は残ったご飯にお茶をかけ、漬け物をおかずに簡単に済ませていたと聞きます。

―しば漬け―

しば漬けは本来、茄子、塩、そして、京都市北東部の山里「大原」の産物である赤紫蘇のみで漬け、乳酸菌発酵を利用した発酵食品です。調味酢漬けのしば漬けとは分類され、「生しば漬け」といわれるものを指します。地元の人たちはきゅうりや瓜、かぼちゃ、茗荷等を加えた家庭用のものも作っているようです。大原は寒暖の差が激しいので香りが良い紫蘇が育ち、美味しいしば漬けになるのだそう。大人になってから、紫蘇は香りの部分を担う方が大きく、赤色は茄子のガクの部分の発酵による事が多いと聞き、紫蘇で赤くなると思っていた私は驚きました。

生しば漬けは塩だけの味つけですので、胡麻や花かつおをふり、お醤油を数滴たらすと、より美味しくいただけます。

山椒の実の下処理と保存方法

① 山椒の実は枝から１粒ずつを外す。
② 塩熱湯に入れ、１～２分ゆがく。
③ ザルに上げ、氷水に入れて色止めをする。
④ 再びザルに上げ、ペーパー等でしっかり水分を拭き取る。
⑤ 密閉袋に入れて空気を抜き、冷凍保存する。※約１年保存可能

4

5

写真上：すぐき漬けは家々の樽や室に付着している乳酸菌の違いや塩加減、重しの加減で、微妙に味が違ってくるといわれています。写真下：本漬け風景。本漬けする際は、「ころし桶」と呼ばれる四斗樽に並べて長い棒の先に重しをくくりつけます。「てこ」の原理を応用して圧力をかけているのだそう。

—すぐき漬け—

すぐき漬けは京の伝統野菜でもある「酸茎菜《すぐきな》」に塩のみを加え、乳酸菌による発酵作用で味わい深い酸味に仕上げる、上賀茂で受け継がれてきたお漬け物です。

梯子《はしご》をかけて登るような大きな樽に、塩をしながら酸茎菜を積み上げてあら漬けにし、次に四斗樽に塩をしながら並べ入れて圧力をかけ、本漬けをします。これを「室《むろ》」に入れ、発酵させます。

昔、上賀茂ですぐき漬けを作っていた伯母の家の広い前庭には、この本漬けの風景が見られました。家の入口横には牛小屋があり、モーモーと鳴いている奥に室がありました。何も知らず室に入ると真っ暗でむっと暑く、「そこに入ったらすぐき漬けになるで!」と伯母ちゃんにおどかされ、幼かった私は本当にすぐき漬けになると思い、怖がっていました。

当時、冬になると毎日のように食べていたすぐき漬け。今は私の親類をはじめ、かつてのように手掛ける人も少なくなり、随分と高価なお漬け物になりました。

—千枚漬け—

千枚漬けは御所の料理人が退職後、聖護院蕪を薄く切って塩漬けにし、調味料と昆布で漬け込んだものを御所に献上したのが始まりだといわれてます。

漬け物は元々保存食なのですが、千枚漬けは昆布を多く使うため保存がききません。教室でも教えていますが、講習ごとに工程が分かるようなちょうど良い状態に用意するのは至難の業。それでも、生徒さんが「美味しい、美味しい」と言って下さるので、何年かに一度は教えるようにしています。

父が八十代半ばの頃、「自分で漬けるから教えて欲しい」と頼まれ、「大きな蕪を薄く切ったり、発酵の工程を見ていかなくてはならないので大変よ。大丈夫?」等と言いながら教えたのですが、毎年上手に漬け、とても美味しかった事を思い出します。聖護院蕪を手押し車一杯に買って漬けては、「佳子、どや!」と鼻高々。九十六歳で亡くなる一年前まで、おまんじゅうをにぎり、家事ごとをこなし、千枚漬けまで漬けていた父。あっぱれな人生を送った人でした。

「千枚漬け」（レシピP168）。私のおすすめの食べ方は、切り分けずに一枚、または半枚をそのままいただく贅沢な食べ方です。美味しさが口いっぱいに広がります。

「鰆の味噌幽庵焼き」（レシピ P168）。味噌は洗って取り除いても良いですが、その後ペーパー等で水分をしっかり拭き取って下さい。焦げやすいので気をつけながら焼き、先に焼けた部分にはアルミ箔をかぶせておくと、均一に焼き色がつきます。

― 味噌幽庵漬け ―

　暮れにお歳暮として、よく「味噌漬け」が使われます。味噌漬けは、白粒味噌を少しの酒（またはみりん）でのばした味噌床に魚を漬けたもので、コクがあり焼き立ては美味しいのですが、冷めると身がかたくなりぱさつきます。しかも、漬け床の味噌は魚から水分等が出てきますので、味噌を一度きりで廃棄しなければならない難点もあります。一方で、「幽庵漬け」はびわ湖で獲れた魚の保存に困り、醤油に漬けた事が始まりの技法だといわれ、焼いた後冷めても身はやわらかいのですが、コクが少なくあっさりとしています。そこで料理人によって考案されたのが、双方の長所を取り入れ、味噌と幽庵地を合わせた「味噌幽庵漬け」です。京都のお料理屋さんではこれを焼き物として提供している店もあります。

　味噌幽庵漬けにはよく鰆を用いますが、鯛、ぶり、生鮭、鱈等でも美味しく、教室では魚が手頃な値段の時にたくさん買って漬け、冷凍しておく事をおすすめしています。

　作りながら、「どうして味噌は、粒味噌を使うのだろう」と不思議に思った事があり、味噌専門店の方に尋ねてみたところ、大豆の皮が魚の臭みを取るのだと聞き納得しました。白粒味噌は味噌専門店にしか置いてない事が多いのですが、ぜひ手に入れて試してみて下さい。どうしても手に入らない時は、白味噌で代用しても作れます。

味噌幽庵漬けにした魚は冷凍保存しておくと便利。解凍して焼けば、美味しい一品がさっと用意できます。

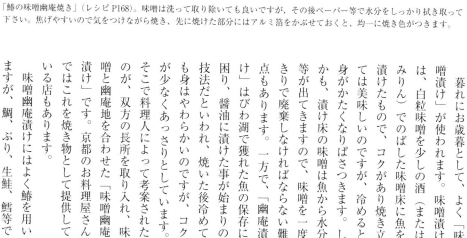

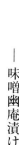

菊花蕪漬け

〈材料〉作りやすい分量
聖護院蕪（近江蕪）… 1個
塩 … 適量
昆布 … 3cm角3枚
鷹の爪 … 2～3本
甘酢（P172参照）… 適量
菊の葉 … 適量

※焼き物に添えるのもおすすめです。手間を省いて切り目を入れずサイコロ状で作っても良いでしょう。

★陶器等に入れて冷蔵庫で保存し、2週間程で食べ切って下さい。

〈作り方〉
① 蕪は厚さ2cmの輪切りにし、皮を厚くむく。切り口面に包丁で細かい格子の切り込みを入れる。
② 切り込んだ面を下にして、2cm角に切り分けて重量を計る。重量の2%の塩を用意する。
③ ボウルに②の蕪と塩を入れて混ぜ、しんなりして水分が出るまで30分～1時間おく。
④ 水で洗ってザルに上げ、水分をしっかり絞る。
⑤ 保存容器に蕪、昆布、鷹の爪を入れ、甘酢を蕪がかぶる程度に注ぎ、冷蔵庫で1～2日漬ける。
⑥ 皿に菊の葉を敷き、蕪の切り目を広げて輪切りにした鷹の爪を飾る。

べっこう生姜

〈材料〉作りやすい分量
新生姜 … 500g
A　水 … 250cc
　　砂糖 … 300g
B　水 … 大さじ2
　　砂糖 … 30g

※表面に穴をあけ生姜の苦味を抜きます。包丁で切り目を入れても良いです。

★煮沸消毒をした綺麗な保存瓶に入れて冷蔵庫で保存し、3週間程で食べ切って下さい。

〈作り方〉
① 鍋にAを入れて温め、砂糖が溶けたら冷ます。
② 別鍋にBを入れて煮詰め、濃い茶色になったら火を止め、熱湯100ccを加えて煮溶かす。
③ 生姜はよく洗い、芽を除いて皮をこそげ取る。表面にフォークで穴をあけ一口大の乱切りにし、水にしばらくさらしたらザルに上げる。
④ 鍋に水と生姜を入れて火にかけ、沸いたら3～4分茹でて水にさらす。水を2～3回替え、辛みが程良く抜けていれば①の鍋に入れる。
⑤ 火にかけしばらく煮たら②を加え、生姜がやわらかくなるまで弱火で煮る。

煮梅

〈材料〉作りやすい分量
梅（南高梅）… 1kg
A　水 … 1000cc
　　塩 … 100g
B　水 … 1000cc
　　砂糖 … 600～700g

※くずれやすいので、手間ですが1個ずつ丁寧に扱って下さい。シロップは水や炭酸で割って飲むと美味しいです。

★煮沸消毒をした綺麗な保存瓶に入れて冷蔵庫で保存し、1ヵ月程で食べ切って下さい。

〈作り方〉
① 梅は綺麗に洗ってヘタを取り、針を10本程束ねたもので100か所程穴をあけ、Aを混ぜた中に入れて一晩おく。
② 鍋に梅とたっぷりの水を入れてごく弱火にかけ、梅が浮いてくるまで沸かさないように煮る。
③ さらに15分煮たら、たっぷりの水を入れた別鍋に穴あきレードルで1個ずつすくって移す。
④ ②、③の作業を2～3回繰り返す。
⑤ 鍋にBを入れて火にかけ、沸いてきたら火を止めて冷まし、シロップを作る。梅を1個ずつすくって入れる。
⑥ 弱火にかけ、梅が浮いてきたらさらに15～20分煮て、梅のみすくって保存瓶に静かに入れる。
⑦ 鍋に残ったシロップは火を強めてアクを取り、2/3量になるまで煮詰めたら保存瓶に入れる。

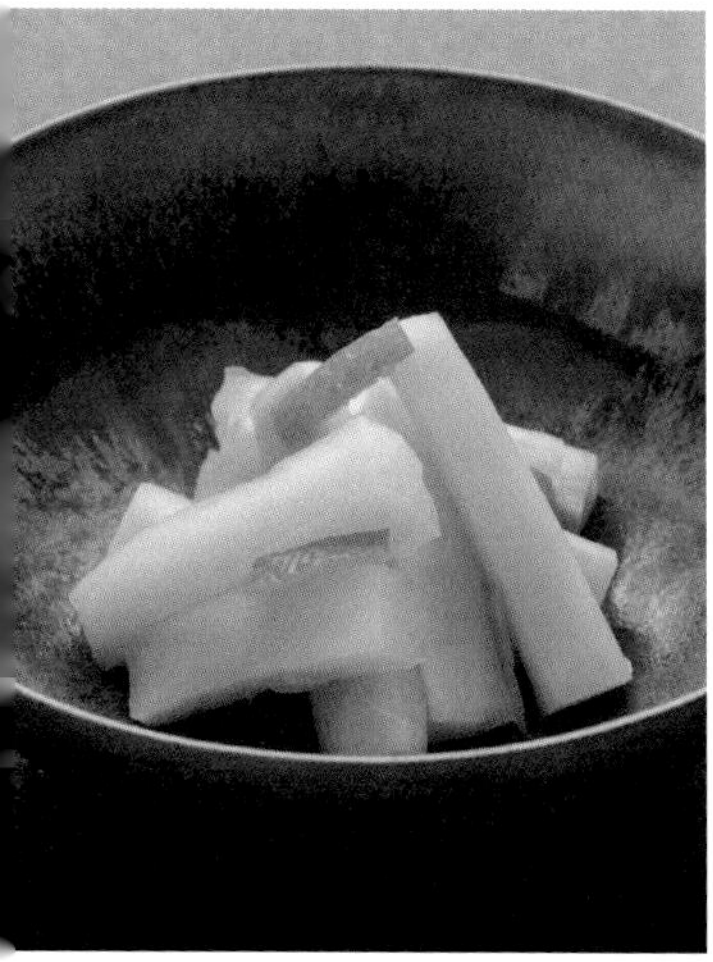

柚子だいこん

〈材料〉作りやすい分量
大根 … 400g
柚子皮 … 適量
塩 … 小さじ1/2強
A｜甘酢（P172参照）
　｜… 100cc
　｜昆布 … 5cm角

※大根は水洗いして塩気を取った後、水分をしっかり絞っておくと、歯応えが良くなります。

★陶器等に入れて冷蔵庫で保存し、5日間程で食べ切って下さい。

〈作り方〉
① ボウルにAを入れ、昆布がやわらかくなれば取り出して、できるだけ細く切ってボウルに戻す。
② 大根は皮をむいて3～4cm長さの棒状に切り、塩をふって軽くもみ、重しをのせる。
③ 冷蔵庫で数時間おき、水洗いしてザルに上げ、和布巾等に包んで絞りしっかり水分を切る。
④ 柚子皮は短冊に切って水にさらし、ザルに上げて水分をペーパー等で拭き取る。
⑤ ビニール袋に①、大根、柚子皮を入れて重しをのせ、冷蔵庫で数時間おく。

らっきょう漬け

〈材料〉作りやすい分量
洗いらっきょう … 1kg
塩 … 50～70g
鷹の爪 … 2～3本
A｜砂糖 … 400g
　｜酢 … 500cc

※漬けてから2～3週間で食べられますが、1ヵ月を過ぎるとより美味しくなります。

★煮沸消毒をした綺麗な瓶に入れて冷蔵庫で保存すれば、半年以上日持ちします。

〈作り方〉
① 鍋にAを入れて火にかけ、砂糖が溶けたら火を止めて冷ましておく。
② らっきょうは、汚れていれば薄皮を取って綺麗に水洗いする。
③ 別鍋にたっぷりの熱湯を沸かし、②を入れてひと混ぜしたらすぐにザルに上げる。熱いうちに塩をふり混ぜ、ザル等に広げて冷めるまでおく。
④ 保存容器に①、らっきょう、鷹の爪を入れ、2～3週間漬け込む。

塩昆布

〈材料〉作りやすい分量
昆布 … 100g
実山椒 … 適量
A｜濃口醤油 … 大さじ2
　｜みりん … 大さじ4
　｜酒 … 大さじ3と1/3
　｜だし用削り節
　｜… 2パック（14g）
酢 … 大さじ3
たまり醤油 … 大さじ3～4

※昆布に酢をかけておく事で、煮上がりが早くなります。

★陶器等に入れて冷蔵庫で保存し、2週間程で食べ切って下さい。

〈作り方〉
① 昆布は1.5～2cm角に切り、酢をかけて1時間おく。
② 鍋に入れ、昆布の2～3cm上まで水を入れる。
③ 火にかけて沸いてきたらごく弱火にし、落とし蓋と蓋をして1時間程炊く。
④ Aとひたひたになるまでの水を入れて火を強め、沸いてきたらごく弱火にして煮る。
⑤ 途中水を足して水分量を保ちながら、昆布が8割程度やわらかくなるまで煮る。
⑥ たまり醤油を入れてさらに煮て、すっかりやわらかくなりツヤが出たら火を止め、2時間以上寝かせる。
⑦ 落とし蓋と蓋を取って弱火をつけ、実山椒を入れて煮汁がほとんどなくなるまで煮詰める。

身しじみの生姜煮 （写真 P38 掲載）

〈材料〉作りやすい分量

身しじみ（茹でたもの）
… 300g

生姜 … 20g

塩 … 適量

A
- 酒　大さじ6
- 砂糖 … 大さじ3
- 濃口醤油
  … 大さじ3と1/2

みりん … 大さじ1

〈作り方〉

① 生姜は汚れている部分を取り除いてせん切りにし、水に放ってしばらくおいたらザルに上げる。

② ボウルに湯と塩を入れ、身しじみを入れて軽く絞りながら洗う。

③ ②の作業を2～3回繰り返したら、手ですくいながらザルに上げ、砂や砂利を取り除く。

④ 鍋に湯を沸かし、身しじみをさっと茹でたらザルに上げ、軽く絞る。

⑤ 鍋にAを入れて火にかけ、沸いてきたら生姜と身しじみを入れて中火にし、時々混ぜながら煮汁がなくなるまで煮る。

⑥ みりんを入れて軽く炒りつけ、照りが出てきたら火を止める。

※身しじみは湯と塩で洗って水分を絞り、臭み抜きをして下さい。

桜餅 （写真 P39 掲載）

〈材料〉10個分

道明寺粉 … 100g

砂糖 … 75g

色粉（赤）… ごく少量

こしあん … 200～250g

桜の葉塩漬け … 10枚

〈作り方〉

① ボウルに道明寺粉と水100ccを入れて軽く混ぜ、そのままおいてふやかす。

② 鍋に砂糖と水100ccを入れて火にかけ、砂糖が溶ければ火を止める。色粉をほんの少し入れ、ほんのりピンク色になるように色づけする。

③ ②の鍋の火をつけて、沸いてきたら①をくずしながら入れて混ぜ、再度沸いてきたら中火弱で2～3分炊く。道明寺粉の芯がなくなれば火を止め、ぬれ布巾をかぶせて30分おく。

④ 手に水をつけて全体を少し練り、10等分にしてそれぞれ丸める。こしあんも10等分にして丸める。

⑤ 丸めた道明寺粉を手のひらにのせて少し押しつぶし、こしあんをおいて包み形を整える。

⑥ 桜の葉は洗い、ペーパー等で水分を拭き取って⑤を包む。

※桜の葉で包む時は、葉元近くに桜餅をのせて、葉先をかぶせるように包んで下さい。

菜の花と生湯葉の辛子胡麻浸し （写真 P40 掲載）

〈材料〉4人分

菜の花 … 150g

引き上げ湯葉 … 40g（1枚）

練り胡麻 … 大さじ1

粉辛子 … 小さじ1/2

A
- だし … 150cc
- 淡口醤油
  … 大さじ1と1/2
- みりん … 大さじ1
- 塩　… 少々

切り胡麻 … 少々

〈作り方〉

① 菜の花は茎のかたい部分を切り落として2～3cmに切り、綺麗に水洗いする。

② たっぷりの塩熱湯で30～40秒程茹でたらザルに上げ、冷水に入れて急冷し、完全に冷めたら水分をしっかり絞る。

③ 湯葉は1×3cmの短冊切りにする。鍋にAを入れて火にかけ、沸いてきたら湯葉を入れ再度沸いてきたら火を止めて冷ます。

④ ボウルに練り胡麻を入れ、③の煮汁を少しずつ入れて綺麗に混ぜ合わせる。

⑤ 粉辛子を湯小さじ2程でやわらかめに溶いて④に入れ、菜の花と湯葉を浸しておく。

⑥ 器に盛り、切り胡麻を天盛りにする。

※菜の花を茹でる時は短時間で引き上げます。すぐに火が通るので茹で過ぎに注意しましょう。

水無月胡麻豆腐（写真 P61 掲載）

〈材料〉4人分
葛粉 … 25g
練り胡麻 … 35g
煮小豆 … 適量
わさび … 適量
旨だし（P172 参照）… 適量
A　酒 … 大さじ1/2
　　砂糖 … 大さじ1/2
　　塩 … 小さじ1/3強
※流し缶等の容器
（縦7cm×横14cm×高さ5cm）

〈作り方〉
① 葛粉は下記の方法で処理をする。
② 処理した葛粉に水300cc を入れてしっかり溶かす。
③ ボウルに練り胡麻を入れ、②を少しずつ入れて混ぜる。ザルを通して鍋に入れ、A も入れて混ぜる。
④ 中火にかけて木べらで常にかき混ぜる。
⑤ 鍋底が固まってきたら火からおろし、泡立て器でしっかり混ぜる。
⑥ ④、⑤の作業を2〜3回繰り返し、全体にとろみがついたら弱火にし、木べらで10分程練り煮する。
⑦ 水でぬらした容器に流し入れ、水に沈めて冷ましながら固める。
⑧ 三角形になるように四等分に切り分け、器に盛って煮小豆とわさびを天盛りにし、旨だしをはる。

※火が通ると一気に固まってきますが、慌てずに火からおろし、しっかり混ぜましょう。

葛粉の処理

① ボウルに葛粉を入れて多めの水を入れて溶かす。
② ザルを通して別ボウルに入れ替え、沈むまで（4〜5時間）おく。
③ 水と葛粉がしっかり分離したら上水を捨てる。

※使用直前にだしや水に溶かして用いて下さい。

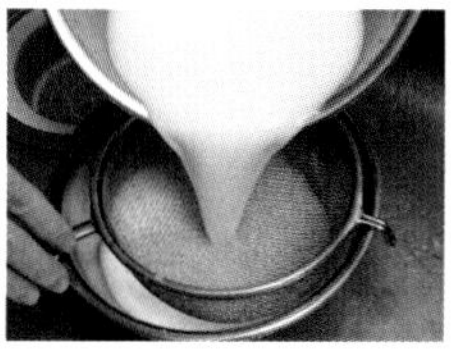

賀茂茄子二色田楽（写真 P63 掲載）

〈材料〉4人分
賀茂茄子 … 2個
白田楽味噌（P173 参照）
… 60g
赤田楽味噌（P173 参照）
… 60g
サラダ油 … 適量
けしの実 … 適量
木の芽 … 4枚

〈作り方〉
① 茄子は両端を切り落とし、ピーラーで皮を縦方向に数か所むいて横半分に切る。
② 切り面に箸等で穴を7〜8か所あけて貫通させる。ペーパー等で水分をしっかり拭き取り、両面に油を薄く塗る。
③ フライパンに油大さじ3を熱し、油を吸わせるように茄子を並べ入れる。
④ 茄子を持ち上げて底面全体が油を吸っているかを確かめ、足りないようなら油を足す。穴に油少々を注ぎ入れたら弱火にして蓋をする。
⑤ 良い焼き色がつくまでじっくり焼き、油を足して裏面も同様に焼く。
⑥ 箸を刺してすっかりやわらかくなっていれば取り出し、白田楽味噌と赤田楽味噌を2切れずつに塗る。
⑦ それぞれを半分に切って白と赤を組み合わせて器に盛り、赤にけしの実を散らし、白に木の芽を添える。

※一皿で二種の田楽を楽しんで下さい。

生麩・湯葉・椎茸の炊き合わせ（写真 P64 掲載）

〈材料〉
よもぎ麩旨煮 … 適量
湯葉旨煮 … 適量
椎茸艶煮 … 適量
（各レシピは下記参照）

〈作り方〉
① よもぎ麩旨煮、湯葉旨煮、椎茸艶煮をそれぞれ作り、冷ましておく。
② 食べる直前に温めて器に盛り合わせ、湯葉の煮汁をはる。

※それぞれ別鍋で味・炊き方を変えて作ったものを器の中で合わせます。精進ものにする時は、動物性のだしを使用せず、植物性の昆布や椎茸のだしで炊きましょう。

よもぎ麩旨煮

〈材料〉作りやすい分量
よもぎ麩 … 1本
A｜だし … 200cc
　｜砂糖 … 大さじ1
　｜みりん … 大さじ1/2
　｜淡口醤油 … 大さじ1
　｜濃口醤油 … 小さじ2
　｜塩 … 少々

〈作り方〉
① よもぎ麩は10等分（約2cm幅）に切る。
② 鍋にAを入れて火にかけ、沸いてきたら弱火にしてよもぎ麩を入れる。
③ 表面が少し膨らんできたら火を止め、冷めるまでそのまま浸けておき味を含ませる。

※火を入れ過ぎると膨らんで生麩の食感が損なわれます。火にかけたら生麩から目を離さず、表面が張ってきたらすぐに火を止めるようにして下さい。

湯葉旨煮

〈材料〉作りやすい分量
引き上げ湯葉
… 100～120g（3枚）
だし … 200cc
A｜砂糖 … 大さじ1
　｜みりん … 大さじ1/2
淡口醤油 … 大さじ1

〈作り方〉
① 湯葉は折りたたんだまま6～8等分に切る。
② 鍋にだしを入れて火にかけ、沸いてきたらAと湯葉を入れ火を弱めて1分煮る。
③ 淡口醤油を入れて30秒経てば火を止め、冷めるまでおいて味を含ませる。

※引き上げ湯葉はそのまま食べても美味しいので、加熱は短時間で済ませます。

椎茸艶《つや》煮

〈材料〉作りやすい分量
干し椎茸（小）… 12個
A｜砂糖 … 大さじ2と1/2
　｜酒 … 大さじ2
　｜濃口醤油 … 大さじ1
たまり醤油 … 小さじ2

〈作り方〉
① 椎茸は綺麗に洗って冷水に1時間程浸けて戻し、再度綺麗に洗う。
② 冷水500ccに①の椎茸を入れ、冷蔵庫で半日おく。
③ ②の椎茸の軸を取り除いて再度綺麗に洗い、戻し汁とともに鍋に入れて中火にかける。沸騰したらアクを取り、弱火にする。
④ 水少々を足し、蓋をして10分程煮ながら、アクが出ていれば取り除く。
⑤ 蓋を取ってAを入れ、中火強にして水分が1/4量になるまで煮る。
⑥ たまり醤油を入れ、煮汁がなくなるまで炒りつけた後、バットに1枚ずつ広げて冷ます。

※最後にたまり醤油を入れて照りを出します。バットに重ならないように広げて水分を飛ばす事により、1枚1枚ツヤのある椎茸に仕上がります。

穴子の昆布巻き（写真 P66 掲載）

〈材料〉8 本分

日高昆布 … 60g

酢 … 大さじ 2

焼き穴子 … 2 本（100g）

かんぴょう … 適量

塩 … 適量

A
- 酒 … 50cc
- 砂糖 … 大さじ 2 と 1/2
- 濃口醤油 … 大さじ 1/2

たまり醤油 … 小さじ 2

〈作り方〉

① 昆布は表面を拭いて汚れを取り、酢を塗ってしばらくおく。水 700〜800cc に浸けて大きく広がれば 20㎝長さに切り、浸し汁は取っておく。

② 焼き穴子は昆布の横幅に合わせて棒状に切り分ける。

③ かんぴょうは水にぬらして塩でもみ、しばらくおいたら水洗いする。

④ 穴子を昆布で締め過ぎないように巻き、かんぴょうで軽く結ぶ。

⑤ 鍋に④を並べ入れ、①の浸し汁を入れて 30 分おく。

⑥ 昆布巻きの 2〜3㎝上まで水を足し、落とし蓋と蓋をして弱火にかけ、すっかりやわらかくなるまで煮る。

⑦ A を入れて 30 分煮たら強火にし、昆布巻きが顔を出すくらいまで煮詰める。

⑧ たまり醤油を入れて 5 分煮たら火を止め、一晩寝かせる。

※日高昆布は他の昆布に比べてやわらかくなるまでの時間が短く、お値段も手頃で昆布巻きに適しています。味をなじませるために、でき上がったら必ず寝かせて下さい。

焼き椎茸と水菜と菊花の浸し（写真 P86 掲載）

〈材料〉4 人分

椎茸 … 中 2〜3 個

水菜 … 150g

菊花 … 2〜3 個

すだち … 2 個

A
- だし … 100cc
- 淡口醤油 … 大さじ 1 弱
- 濃口醤油 … 大さじ 1/2
- みりん … 大さじ 1

〈作り方〉

① 鍋に A を入れて火にかけ、沸いたら火を止めて冷ましておく。

② 椎茸は丁寧に汚れを拭き取り、石突きの汚れている部分を切り落とし、断面に十字の切り込みを入れる。

③ 笠を上にしてグリルで少し焼き、返して石突きを上にして焼く。笠裏に水滴がついてきたら①に浸け、冷めたら厚さ 3〜5㎜に切って再び浸たす。

④ 菊花は綺麗に洗い、花弁を摘み取ってガクと芯を除く。酢少々（分量外）を入れた熱湯で 40 秒程茹でてザルに上げ、水に 2〜3 分さらしたら水分を絞り、③の椎茸と一緒に浸ける。

⑤ 水菜は塩熱湯で茹でて冷水に取り、すっかり冷めたら水気を絞って 2㎝長さに切る。再度しっかり水気を絞り、椎茸、菊花と一緒に 10 分程浸ける。

⑥ 器に盛って浸け地も注ぎ、食べる直前にすだちを搾る。

※菊花が入ると秋らしさが増します。色鮮やかになるので、酢を入れて茹でて下さい。

煮物椀（月卵豆腐・萩仕立て）（写真 P87 掲載）

〈材料〉4 人分

卵豆腐 … 小 4 個

茹で紫ずきん … 20〜24 粒

茹で小豆 … 30 粒

茹で三度豆 … 6 本

青柚子皮 … 0.2×6㎝ 12 本

A
- だし … 適量
- 淡口醤油 … 適量
- 塩 … 適量

B
- だし … 600cc
- 塩 … 小さじ 1/3
- 淡口醤油 … 小さじ 1

〈作り方〉

① 卵豆腐は円い型で抜く。

② 紫ずきんは薄皮をむく。三度豆は長さを半分に切り、それぞれ先端から 2〜3㎝の切り目を数ヶ所に入れ、広げる。

③ 鍋に A を入れて火にかける。沸いたら火を弱め、卵豆腐を入れて温める。

④ 椀に卵豆腐を盛って紫ずきんと小豆を散らし、三度豆を添えて青柚子皮を天盛りにする。

⑤ 別鍋に B を入れて火にかけ、沸いてきたら④の椀のふちから静かに注ぐ。

※卵豆腐を月、紫ずきんと小豆で萩、三度豆をススキに見立てています。市販の卵豆腐を使って簡単に仕上げるレシピです。吸い地をにごらせないために、卵豆腐を別の地（A）で温めていますが、ご家庭で味わう時は、B の吸い地で温めても良いです。

紫ずきんととうもろこしのかき揚げ （写真 P89 掲載）

〈材料〉４人分

紫ずきん（サヤつき）

…150～200g

とうもろこし…１本

薄力粉…大さじ１と1/2

A｜薄力粉…大さじ５

　｜片栗粉…大さじ１弱

　｜水…大さじ５

揚げ油…適量

塩…適量

〈作り方〉

① 紫ずきんはさっと茹で、サヤから出して薄皮をむく。

② とうもろこしは包丁で身をそぎ取る。

③ ボウルに紫ずきんととうもろこしを入れて混ぜ、薄力粉を入れて全体に行き渡るように混ぜ合わせる。

④ 別のボウルにAを入れて軽く混ぜ合わせ、③に入れて混ぜる。

⑤ 170度の油にスプーンですくって入れ、浮き上がって表面が固まってくれば返す。

⑥ 両面がカリッとなったら油から上げ、塩をふって器に盛る。

※紫ずきんが出まわる前は枝豆で代用して下さい。とうもろこしの代わりにさつま芋や人参を入れても美味しいです。

鯖寿司 （写真 P90 掲載）

〈材料〉２本分

寿司飯（P32 参照）…３合分

鯖きずし（下記参照）

…１尾分

白板昆布…２枚

A｜水…100cc

　｜酢…大さじ３

　｜砂糖…大さじ１と1/2

生姜の甘酢漬け…適量

〈作り方〉

① 鍋にAを入れて火にかけ、沸騰したら白板昆布を入れ30秒煮て火を止め、そのままおく。

② 鯖きずしは尾を切り除き、皮目に切り目（化粧包丁）を入れ、厚さが均一になるように身が分厚い部分をそぎ取り、すりつぶす。

③ かた絞りの布巾の上に、皮目を下にして背側が一直線になるようにおき、全体が長方形になるように②ですりつぶした身を腹側に足す。

④ 棒状にした寿司飯を③の鯖の上におき、布巾で包む。

⑤ 鯖が上にくるように返し、上から巻きすをかぶせて棒状に整える。

⑥ 巻きすと布巾を取って①の白板昆布をかぶせ、ラップに包み数時間おく。

⑦ ラップを外して切り分けて器に盛り、生姜の甘酢漬けを添える。

※一度ラップで包んで締めておくとくずれにくいです。竹の皮で包む時は、⑥のラップを外してから包んで下さい。

鯖きずし

〈材料〉鯖寿司２本分

塩鯖（きずし用）…１尾

昆布…３×５cm２枚

A｜酢…100cc

　｜砂糖…大さじ１と1/2

　｜塩…少々

〈作り方〉

① ボウルにAを合わせて砂糖を溶かす。バットに移して昆布を入れ、大きく広がるまでおいて浸け地を作る。1/3量をボウルに取りおく。

② 鯖はさっと洗って水分を拭き取り、背の部分で半分に切って頭を取り除く。中骨がついている身の方は中骨を切り外し、腹骨、血合い骨を取り除く。

③ ①のバットに鯖を皮目を下にしておき、血合いの部分に昆布をおいて５分浸け、返して５分浸ける。

④ 鯖を取り出し昆布を外してペーパー等で水分を綺麗に拭き取り、①で別ボウルに取りおいた1/3量の浸け地をかける。

⑤ 水分を軽く拭き取り、④で外した昆布を血合いの上にのせ、ラップで包んで冷蔵庫で半～１日おく。

⑥ 肩口（頭がついていた方）の皮を爪先を使ってめくり、全体の皮をはがし取る。きずしでいただく場合は、1cm幅に切り分けて器に盛る。

※きずしにできる鮮度の良い塩鯖を求めて下さい。浸け地の昆布をしっかり広げておくと、昆布のうま味が鯖によく浸透します。浸け地に長く浸け過ぎると鯖の身がかたくなるので、短時間で取り出して冷蔵庫で寝かせ、表面の浸け地をゆっくり浸透させましょう。

ぶり大根（写真P106掲載）

〈材料〉4人分

ぶりアラ … 350g
生姜のせん切り … 適量
塩 … 適量
酒 … 100cc
大根 … 600～650g
米のとぎ汁 … 適量
A｜濃口醤油 … 大さじ3
　｜砂糖 … 大さじ3強
　｜たまり醤油 … 大さじ1
B｜みりん・淡口・塩
　｜… 各適量
柚子皮のせん切り … 適量

〈作り方〉

① 大根は2㎝の輪切りにして皮をむき、面取りをする。米のとぎ汁でやわらかくなるまで茹でて綺麗に水洗いする。
② ぶりは切り分け、多めの塩をふってしばらくおき、綺麗に洗って水分を切る。数切れずつ熱湯に10秒程入れ、冷水に取る（霜降り）。流水で残っている血合いやウロコを綺麗に除き、ペーパー等で水分を拭き取る。
③ 鍋に②のぶりを入れ、生姜を散らして酒を入れる。ひたひたになるまで水を足し、中火にかけて沸騰したらアクを取る。
④ Aを入れて弱火にし、5分煮たら煮汁の半量を別鍋に取りおく。残った煮汁は濃厚になるまで煮詰め、ぶりに絡める。
⑤ ④で取りおいた煮汁にBと大根を入れ、ひたひたになるまで熱湯を足し、大根に味がしみ込むまで中火で煮る。
⑥ 食べる直前に大根の上に④のぶりをのせ、蓋をして温める。
⑦ 器に盛り、柚子皮を散らす。

※大根とぶりは炊く時間が違うので、別々に炊きます。ぶりの味をなじませるために、ぶりの煮汁で大根を炊きましょう。

蓮根万寿《まんじゅう》（写真P109掲載）

〈材料〉4人分

蓮根 … 300g
鶏ひき肉 … 40g
A｜濃口醤油・みりん・酒
　｜… 各小さじ2
B｜卵 … 1/2個
　｜塩 … 小さじ1/2
　｜片栗粉 … 少々
C｜だし … 500cc
　｜葛粉（P161参照）… 25g
　｜淡口醤油
　｜… 小さじ1と1/3
　｜みりん … 小さじ1と1/3
　｜塩 … 小さじ1/3
片栗粉 … 適量
青葱 … 適量
おろし生姜 … 適量
揚げ油 … 適量

〈作り方〉

① 鍋にAを入れて沸かし、鶏肉を入れて水分がなくなるまで炒りつけ、ザルに上げて水分を切る。
② 蓮根は皮をむいて酢水にさっと浸け、おろしてザルに上げる。軽く水分を切りBを入れて混ぜ、4等分に分けて丸める。
③ 少しつぶして中心にくぼみをつけ、①の鶏肉を1/4ずつおいて包み、円形に整える。
④ 片栗粉をまぶして180度の油で揚げる。
⑤ Cの材料で銀あんを作る（P171参照）。
⑥ 葱は小口より細かく刻み、水にさらしてザルに上げ水分を切る。
⑦ 器に④を入れて銀あんを器のふちから静かにはり、少しまんじゅうにもかけて葱と生姜を天盛りにする。

※寒い時期の蓮根は粘りがあるので、まんじゅうにするには最適です。

ぐじの唐揚げ（写真P110掲載）

〈材料〉4人分

甘鯛（ぐじ）一汐物 … 半身
片栗粉 … 適量
揚げ油 … 適量
大根 … 適量
人参 … 適量
一味唐辛子 … 適量
すだち … 2個
塩 … 適量

〈作り方〉

① 大根と人参は皮をむいておろし、混ぜる。ザルに上げてしばらくおき、水分を切ってから一味唐辛子を混ぜて紅葉おろしを作る。
② 甘鯛は頭部と中骨があれば取り除く。腹骨はそぎ取り、血合い骨を骨抜きで抜いて除く。
③ 水分を拭き取ってハサミで食べやすい大きさに切り、身にのみ片栗粉をつけ、余分な粉ははたく。
④ 180度の油にウロコが下になるように入れ、ウロコが立ち上がってしっかりしてきたら返し、全体がカリッとなるまで揚げて塩をふる。
⑤ 器に揚げ立ての甘鯛を盛り、紅葉おろしと横半分に切ったすだちを添える。

※やわらかい身とパリパリのウロコの食感が絶妙な一品。中骨は取り除くのが難しいので、お魚屋さんに頼み、除いてもらって下さい。

ぐじの昆布締め（写真P110掲載）

〈材料〉4人分

甘鯛（ぐじ）一汐刺身用
… 半身
昆布 … 8×15㎝2枚
甘酢 … 適量
より大根（P17参照）… 8本
より人参（P17参照）… 4本
大葉 … 4枚
わさび … 適量
A　淡口醤油 … 大さじ1/3
　　酒 … 大さじ1/3
　　みりん … 大さじ1/3
B　甘酢（P172参照）
　　… 大さじ2
　　淡口醤油 … 小さじ2
　　だし … 大さじ2

〈作り方〉

① 昆布は布巾で表面を拭き、甘酢を塗ってしばらくおいてふやかす。
② 甘鯛は頭部と中骨があれば取り除く。腹骨はそぎ取り、血合い骨は骨抜きで抜いて除く。
③ 皮はウロコをつけたまま包丁で身からそぎ取り、ハサミで5㎜幅に切って170度の油で素揚げする。
④ ボウルにAを入れて混ぜ合わせ、甘鯛の身に全体に行き渡るように塗り広げる。①の昆布に挟んでラップで包み、冷蔵庫で8〜10時間おく。
⑤ 昆布を取り除き、細切りにして大葉を敷いた器に盛り、わさび、大根、人参を添える。③の皮の素揚げを天盛りにする。
⑥ Bを合わせて加減酢を作り、添える。

※鮮度の良い「一汐物」を求めて下さい。中骨は取り除くのが難しいので、お魚屋さんに頼んで除いてもらいましょう。ウロコつきの皮を油で揚げると美味しいので、ぜひ添えて下さい。

焼き餅入り水菜粥（写真P111掲載）

〈材料〉4人分

米 … 1合
水菜の漬け物 … 120g
丸餅 … 4個
塩 … 少々

〈作り方〉

① 米は洗い、ザルに上げて水切りして炊飯釜に入れ、水1200ccを入れて炊く。
② 水菜の漬け物は7〜8㎜に切る。
③ 炊けた粥に②の水菜を入れて軽く混ぜ、味を見て塩分が足りないようなら塩で調味する。
④ 餅は程良い焦げ目がつくように焼き、一度熱湯に浸す。
⑤ 椀に③の粥をよそい、餅をのせる。

※七分《ぶ》粥程度のやわらかさに仕上げるレシピなので、全粥の場合は水900ccにして下さい。土鍋で炊く場合は、水分量を少し多めにすると良いでしょう。

だいだいピール（写真 P112 掲載）

〈材料〉作りやすい分量

だいだい … 2 個

A | グラニュー糖 … 120g
　| 水 … 250cc

グラニュー糖 … 適量

〈作り方〉

① だいだいは横半分に切り、果汁を搾って内側の薄皮や種を綺麗に取り除く（果汁は使わない）。皮はしばらく水に浸けてから、16 等分のくし形に切る（1 個 32 等分）。

② 鍋に①とたっぷりの水を入れて火にかけ、沸いてきたら中火弱にしてやわらかくなるまで 15 分程茹でる。

③ ザルに上げて水気を切り、たっぷりの水に入れる。途中数回水を替えながら半日さらす。

④ 鍋に A を入れて火にかけ、砂糖が溶けたら水分をしっかり切っただいだいの皮を入れる。

⑤ 弱火にし、焦げないように時々静かに混ぜながら煮汁がなくなるまで煮詰める。

⑥ 火を止めてしばらくおき、粗熱が取れたら網に並べる。

⑦ 途中上下を返しながら 1～2 日程乾かして、グラニュー糖をまぶす。

※だいだいの皮を A に入れて煮詰める時は、かき混ぜ過ぎると白濁するので、できるだけ触らないようにしましょう。仕上げのグラニュー糖の代わりにチョコレートをつけても美味しいです。果汁はポン酢（P126 雲子のだいだい釜②参照）等に使用して下さい。

丸大根とお揚げの炊いたん（写真 P113 掲載）

〈材料〉作りやすい分量

丸大根 … 800g（中 1/2 個）

油揚げ … 1 枚（150g）

だし用じゃこ … 20g

砂糖 … 大さじ 1 と 1/2

A | 濃口醤油 … 大さじ 1
　| 淡口醤油 … 大さじ 3

〈作り方〉

① 丸大根は食べやすい大きさ（70～80g）に切り、皮をむいて面取りをする。

② 油揚げは熱湯で 30 秒程茹でて油抜きし、軽く水気を絞って 2×4㎝くらいに切る。

③ 鍋にじゃこを入れ、上に大根と油揚げをのせる。ひたひたの水を入れて火にかけ、沸いてきたらアクを取り、落とし蓋と蓋をして中火で 20 分煮る。

④ 大根がやわらかくなれば弱火にして蓋と落とし蓋を取り、砂糖を入れてしばらく煮て A を入れる。

⑤ 中火にして煮汁が 3/4 量になったら火を止め、冷めるまでおく（冷めていく間に味がなじむ）。

⑥ 食べる直前に温めて器に盛る。

※丸大根はやわらかくなるのが早いので、下茹でせずに炊きます。普通の大根で代用する場合は、先に下茹でしてからレシピ通りに炊いて下さい。

畑菜の辛子浸し（写真 P113 掲載）

〈材料〉4 人分

畑菜 … 1 束

粉辛子 … 小さじ 1

A | だし … 200cc
　| 淡口醤油 … 大さじ 2 弱
　| 塩 … 少々

切り胡麻 … 少々

〈作り方〉

① 鍋に A を入れて火をつけ、沸いたら火を止めて冷ます。

② 粉辛子は湯大さじ 1 で溶き、①に入れて浸し地を作る。

③ 畑菜は流水と貯め水で根元についている土を落として綺麗に洗う。

④ 鍋にたっぷりの塩熱湯を沸かし、畑菜を 30～40 秒茹でて冷水に取る。

⑤ すっかり冷めたら、水分をしっかり絞って 3㎝長さに切り揃える。

⑥ 再度水気を絞って②に浸す。食べる直前に器に盛って地をはり、切り胡麻を散らす。

※辛子控えめのレシピです。お好みで辛子の量は調整下さい。

ちりめん山椒 (写真 P154 掲載)

〈材料〉作りやすい分量
じゃこ … 100g
茹で実山椒(P155 参照)
… 大さじ1～好みの量
A | 酒 … 100cc
淡口醤油 … 大さじ2弱
濃口醤油 … 小さじ1/2
みりん … 大さじ2
砂糖 … 小さじ1
木の芽 … 適量

〈作り方〉
① 底の平らな大きめの鍋にAを入れて火にかけ、ひと煮立ちしたらじゃこを入れる。
② ごく弱火にし、12分程かけて水分がなくなるまで炒り煮する。
③ 実山椒を入れて混ぜ、紙の上に広げる。時々混ぜながら水分を飛ばし、半乾きの状態に仕上げる。
④ 器に盛り、木の芽を添える。

※ごく弱火にして時間通りで仕上げると、ちょうど良い加減になります。冷蔵庫で5～7日保存できますが、冷凍なら1ヵ月程持ちます。

千枚漬け (写真 P156 掲載)

〈材料〉作りやすい分量
聖護院蕪(近江蕪)
… 1個(1.5～1.8kg)
塩 … 適量
昆布 … 適量
A | 酢 … 100cc
砂糖 … 30g
みりん … 大さじ2～3
飾り(鷹の爪 … 1本・水菜の漬け物) … 適量

※蕪を切ったら先ず重量を計り、塩と昆布の必要量を割り出して下さい。長期保存はできないので、冷蔵保存で3～4日で食べ切りましょう。容器は木樽が良いですが、漬け物に使えるようなプラスチックの円形の洗い桶でも代用できます。

〈作り方〉
① 蕪は縦半分に切って厚く皮をむき、厚さ2mmの半月切りにして重量を計る。重量の2%の塩と昆布を用意する。
② 円形の容器に塩をふる。蕪を放射状において塩をふる事を繰り返し、一段一段が平らになるように重ねていく。
③ 落とし蓋をして、重量の1.5倍くらいの重しをして冷蔵庫で1～2日塩漬けにする。
④ 水が上がってきたら、蕪をザルに上げて流水を軽くまわしかけ、軽く絞る。
⑤ 鍋にAを入れて火にかけ、沸いたら火を止めて冷まし、細長く切った昆布を浸け、広がるまでおく。
⑥ 容器に②と同様に蕪を放射状におき、⑤の昆布をのせて液をまわしかける事を繰り返し、一段一段が平らになるように重ねていく。
⑦ 落とし蓋をして、③でおいた重しの半量くらいの重しをして冷蔵庫で2日程本漬けにする。
⑧ 器に⑦の千枚漬けを並べ、昆布はせん切りにして添え、好みで水菜の漬け物と鷹の爪を飾る。

鰆《さわら》の味噌幽庵焼き (写真 P157 掲載)

〈材料〉4人分
鰆 … 4切れ
白粒味噌 … 35g
塩 … 適量
A | 酒 … 大さじ2と1/3
みりん … 大さじ1と1/3
B | 淡口醤油 … 小さじ2弱
濃口醤油
… 小さじ2弱
蓮根の甘酢漬け(P116 上段参照) … 適量

〈作り方〉
① 鍋にAを入れて火にかけ、沸いてきたら火を止める。冷めたらBを合わせる。
② ボウルに白粒味噌を入れ、①を少しずつ入れてよく合わせる。
③ 塩をふったバットに鰆を並べ、上からも塩をふり、10～15分おく。
④ ③の鰆の水分をペーパー等で拭き取って②に漬け込み、時々表裏を返しながら冷蔵庫で1～2日おく。
⑤ 鰆を取り出して表面についた味噌地を綺麗に拭き取り、グリルまたはオーブンで焼く。
⑥ 器に盛り、蓮根の甘酢漬けを添える。

※お好みで柚子を一緒に漬け込むと、香りも良くなりおすすめです。

鯖の三枚おろし（右利きの場合）

鯖以外でも、あじや鰆、はまち等もこのおろし方で三枚にできます。

二枚おろしにした中骨のある身（表の身）を手に入れた際は、下記の⑦からおろすと中骨を綺麗に外せます。

① ウロコをこそげ、頭を落とし、腹を全体の2/3まで切り開き、包丁で内臓物を取り出す。

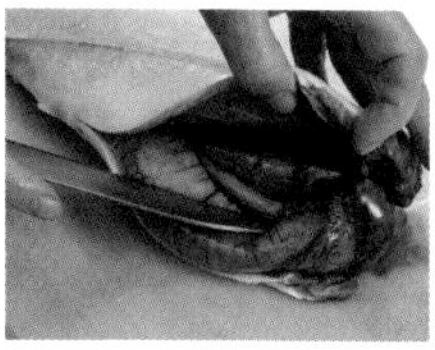

② 腹を広げ、中骨についている血袋を竹串数本（あればササラ）でこそげ、全体を綺麗に水洗いした後、水分をペーパー等で拭き取る。

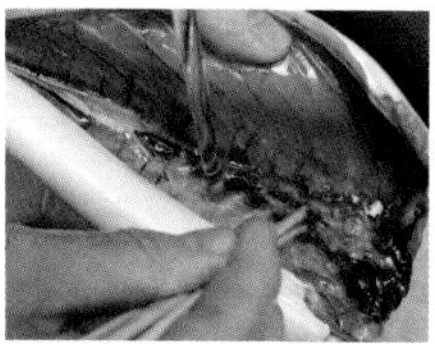

③ 三枚おろし
頭がついていた方を右、腹を手前に置く。①の開いた部分から尾の方に切り込みを入れ、包丁を骨の上にすべらせるように引き切りしながら、中心骨まで身を切る。

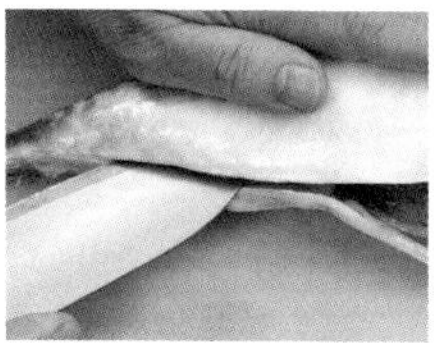

④ 魚の向きを変え（頭のついていた方を左、背を手前に置く）、包丁を骨の上にすべらせるように引き切りしながら、中心骨まで身を切る。

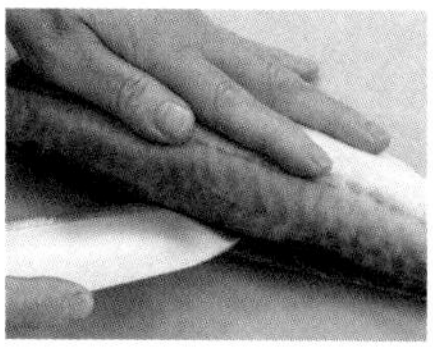

⑤ 尾の部分に包丁を差し込みⒶ、包丁の向きを変え左手で尾をしっかり持ち、包丁を左へ動かして骨と身を切り離した後Ⓑ、尾の部分も切り離す。

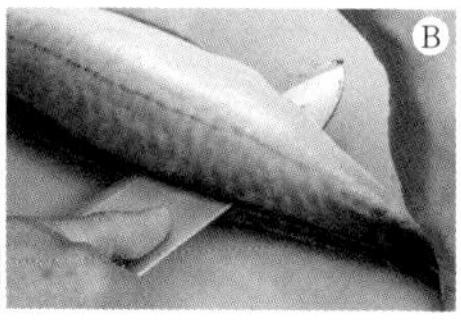

⑥ 二枚おろし完了
上：中骨のない身
（裏の身）
下：中骨のある身
（表の身）

⑦ 頭のついていた方を右、背を手前に置く。中骨の上に包丁をすべらせるように引き切りしながら中心骨まで身を切る。

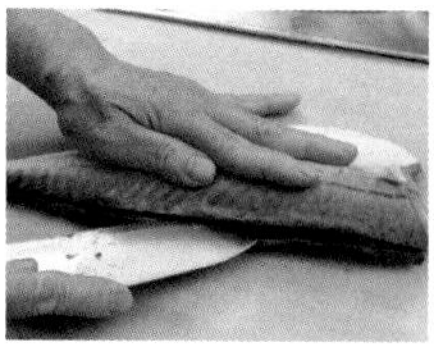

⑧ 魚の向きを変え（頭のついていた方を左、腹を手前に置く）、尾の手前から①で開いた部分まで切り込みを入れ、包丁を骨の上にすべらせるように引き切りしながら中心骨まで身を切る。

⑨ 尾の部分に包丁を差し込みⒶ、包丁の向きを変え左手で尾をしっかり持ち、包丁を左へ動かして、骨と身を切り離した後Ⓑ、尾の部分も切り離す。

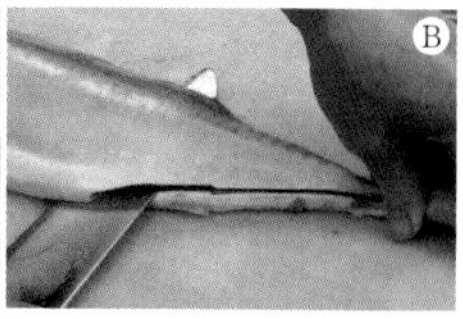

⑩ 三枚おろし完了
上：中骨のない身
（裏の身）
中：中骨
下：中骨を外した身
（表の身）

⑪ 腹骨を取る
腹骨が左にくるよう魚を縦向きに置く。包丁の先を入れ、左手で腹骨をめくりながら少しずつすぎ取る。

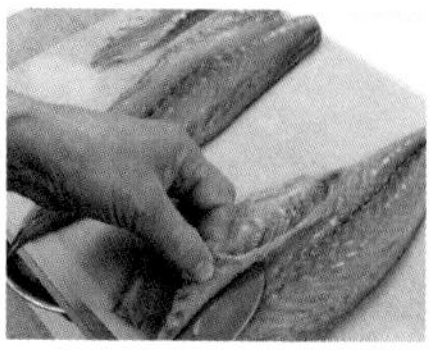

⑫ 頭がついていた方を右側になるように置く。血合い骨を骨抜きで右へ引っ張りながら抜く。

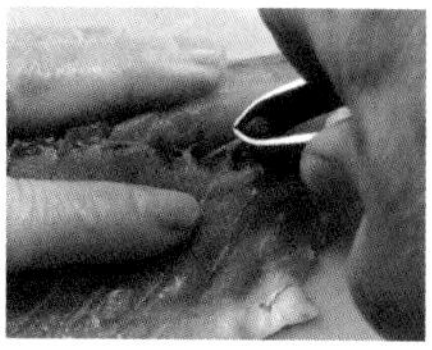

⑬ 皮を取る。
肩口（頭がついていた方）の皮を爪先を使ってめくっていく。

おだしの事

本書で「だし」と記載のあるものは昆布と削り節で取っています。

昆布は、利尻《りしり》昆布、真昆布（道南物）、羅臼《らうす》昆布、日高昆布等があり、お料理屋さんは京料理に合う利尻昆布を使用している所が多いように思います。教室でも利尻昆布を使っていて、生徒さんにもおすすめしています。だしを取る時は分量の水に昆布を入れて火にかけ、沸騰直前に取り出しますが、うま味を引き出すには昆布が広がっている事が大切ですので、水に浸けしっかり広がってから火にかけます。小さく切ったり、切り込みを入れるとアクが出やすくなるので大きいまま使用しますが、少量のおだしを手早く取りたい時は、小さく切って用いる事もあります（簡単だし：左頁参照）。

だし（一番だし）

〈材料〉2000cc分

昆布 … 20～25g　　混合削り節 … 35g　　水 … 2200cc

〈作り方〉

① 昆布はかたく絞った布巾で表面を拭く。
② 大きめの鍋に分量の水を入れて昆布を浸し、倍以上の大きさに広がるまでおく。
③ 火にかけ、弱火から中火に上げながら沸騰直前に昆布を取り出し、その後沸騰させてアクを取る。
④ 弱火にして水100cc（分量外）を足し、温度が90度くらいに下がったら削り節を入れる。
⑤ 90度を保ちながら3～4分加熱し、アクを取る。
⑥ 容器にザルをのせてペーパー（または和布巾）を敷いて漉す。計量し、2000ccに満たなかったら熱湯を加える。

※鍋中を90度に保ち、削り節がペラペラ旋回し泡等が出ていない状態にします。使う昆布や削り節により、使用量や煮出し時間は変わってくるので、ご家庭で使用する商品の案内を参照下さい。

昆布だし

①～③で昆布だしが取れます。保存は一番だしと同じです。

便利なおだしの冷凍保存

バットで冷凍

① 300ccまたは500ccのだしが入るバットに流し、冷凍する。
② バットから外し、密閉袋に空気を抜いて入れ、冷凍保存する。

※全解凍して使用を。一部を解凍すると濃度が均一になりません。

製氷皿で冷凍

① 製氷皿にだしを流し、冷凍する。
② 製氷皿からキューブを外し、密閉袋に空気を抜いて入れ、冷凍保存する。

※だしが少量必要な時（土佐酢、だし巻き等）に便利です。

削り節は、かつお節、まぐろ節、宗田かつお節（目近かつお節）、鯖節、いわし節といろいろあります。お料理屋さんは上品なおだしが取れるかつお節、まぐろ節を使用している所がほとんどですが、家庭では何もかもに使うには無理があるため、混合節等で良いと思います。教室では、どんな料理にも合うように、宗田かつお節と鯖節の混合節を使用しています。

おだしを取るのは大変というイメージがありますが、時間がない時等は簡単だしでも良いので気軽に取って欲しいと願っています。取れたおだしは二〜三日しか冷蔵保存できないので、保存するなら冷凍がおすすめです。

美味しいおだしが取れた時は、初めは削り節の風味、後から昆布のうま味が広がります。おだしが取れたらその都度 30cc 程を口に含んで味見をして、おだしの味を覚えていきましょう。

簡単だし

〈材料〉500cc分

昆布 … 5g（細切り 5〜6 枚）　混合削り節 … 10g　水 … 550cc

〈鍋だけで〉

① 昆布はかた絞りの布巾で表面を拭き、分量の水を入れた鍋に入れる。
② 弱火で 3 分加熱し、中火にして沸騰直前になったら再び弱火にする。
③ 削り節を入れ、時々箸等で混ぜアクを取りながら 4 分、火を切り 1 分おく。
④ 上澄みのだしを静かに別ボウルに移す。
計量し、500ccに満たなかったら熱湯を加える。

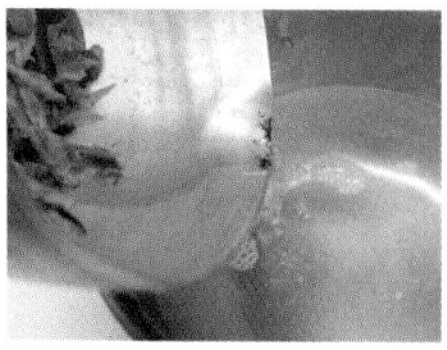

〈だし用パックで〉

① 昆布はかた絞りの布巾で表面を拭く。削り節はだし用パックに入れる。
② 鍋に分量の水と昆布を入れ、弱火で 3 分加熱し、中火にして沸騰直前になったら再び弱火にする。
③ ①のパックを入れ、時々箸等でふりながら 5〜7 分そのままの状態を保つ。
④ 火を止め、パックは軽く絞り昆布とともに取り出す。計量し、500ccに満たなかったら熱湯を加える。

※本誌で記載している「だし用削り節」は、簡単だしと同様の混合削り節 7g をだし用パックに入れて使用しています。

すまし汁

〈材料〉4 人分

だし … 600cc　淡口醤油 … 小さじ1
塩 … 小さじ 1/3

① 鍋にだしを入れて火にかけ、沸騰したら弱火にし、塩を入れて溶かす。
② 淡口醤油を入れて火を止める。

※すまし汁の味つけは塩で決め、淡口醤油は色と香りのために入れます。塩の種類で辛さが異なりますので、お好みで加減して下さい。

銀あん

〈材料〉4 人分

だし … 500cc
葛粉 … 25g

A
塩 … 小さじ 1/3
淡口醤油・みりん … 各小さじ 1 と 1/3

① 処理済みの葛粉（P161 参照）をだし 100ccで溶いておく。
② 残りのだし 400ccを沸騰させ、中火弱にした後で A を入れて調味し、木べらで混ぜながら①を少しずつ入れる。とろみがつけば弱火にし、2〜3分練り煮する。

※①を入れる時は、少しずつ入れないとダマになるので注意しましょう。葛粉が手に入らない場合は、片栗粉でも代用できます。その場合は、とろみがついたら一度沸騰させ、練り煮はせずに火を止めて下さい。

甘酢、天つゆ、照り焼きダレ

甘酢は水で薄めたり加熱して作る方法もありますが、私は酢と砂糖を混ぜ合わせるだけ。保存瓶に直接入れて瓶ごとふるととても簡単で、そのまま保存もできます。

天つゆは、「だし五：みりん一：淡口醤油一」を混ぜ合わせた後で火を入れたもので、旨だしにもなります。

照り焼きダレは作りおくと冷蔵保存で一〜二か月保存できるので、作りおきしておくのがおすすめです。魚の他、肉や貝、野菜の照り焼き等にも使えます。鶏の唐揚げの下味にも役立ちます。

甘酢

〈材料〉作りやすい分量
酢 … 100cc
砂糖 … 35g

〈作り方〉
酢と砂糖を合わせ、砂糖がしっかり溶けるまでよく混ぜ合わせる。

※煮沸消毒をした綺麗な瓶に入れ、冷蔵庫で3〜4か月保存できます。

天つゆ（旨だし）

〈材料〉作りやすい分量
だし（P170参照）… 150cc
淡口醤油 … 30cc
みりん … 30cc

〈作り方〉
鍋にみりんを入れて火にかけ、沸騰したらだしと淡口醤油を入れ、再び沸騰すれば火を止める。

※丁寧にする時は、再び沸騰した際に追いがつお3g（分量外）を入れ、火を止めて漉して下さい。

照り焼きダレ

〈材料〉作りやすい分量
濃口醤油 … 100cc
みりん … 100cc
酒 … 50cc
砂糖 … 20g

〈作り方〉
① 小鍋に材料を全て入れて中火にし、沸騰したら中火弱にし、2/3量くらいになるまで煮詰める。
② 冷めたら瓶に入れ、冷蔵庫で保存する。

※①の2/3量の目安は、少しとろみがついたくらいです。

田楽味噌

京料理においては、やはり白田楽味噌が主流になります。

白味噌と同じく、白田楽味噌も冷凍保存がおすすめです。

本来の作り方は、湯煎で仕上げますが、家庭では時間がかかり過ぎるので、教室でも直火にかける方法（左頁参照）を教えています。これさえあれば、辛子酢味噌（辛子と酢を混ぜる）、柚子味噌（柚子の皮のすりおろしを混ぜる）、木の芽味噌（P139参照）、蕗《ふき》のとう味噌（左頁参照）等、いろいろな味噌が作れます。

赤田楽味噌は赤だし味噌で作り、貝類、特に牡蠣の和え衣にすると美味しいです。蒸し鯛を混ぜると鯛味噌、ひき肉を炒めたものを混ぜると肉味噌になります。また、胡麻油を混ぜると、中華料理の北京ダック等でおなじみの甘味噌（甜麺醤《てんめんじゃん》）の代用になります。

黄田楽味噌は用いる味噌により塩分やかたさ、色が随分異なります。味を見ながら、お好みで砂糖の量や火加減を調整して下さい。

黄田楽味噌

〈材料〉作りやすい分量

A
- 信州味噌 … 100g
- 練り胡麻 … 大さじ1

B
- 砂糖 … 60～80g
- 酒 … 大さじ2～3
- 水 … 大さじ1

〈作り方〉

① 鍋にBの材料を入れて火にかけ、砂糖が溶ければ冷ます。

② 別鍋（ホウロウ鍋）にAの材料を入れて混ぜる。①を少しずつ入れ、よく混ぜ合わせたら中火にかけ練り煮する。

③ マヨネーズより少しやわらかくなったら、火を止めて冷ます。

※②の練り煮は、「中火でしっかり混ぜながら50秒煮る→10秒火から外す→かき混ぜる」これを4～5回繰り返して下さい。

赤田楽味噌

〈材料〉作りやすい分量

A
- 赤だし味噌 … 100g
- 練り胡麻 … 大さじ1

B
- 砂糖 … 70g
- 酒 … 大さじ3～4
- 水 … 大さじ1

〈作り方〉

① 鍋にBの材料を入れて火にかけ、砂糖が溶ければ冷ます。

② 別鍋（ホウロウ鍋）にAの材料を入れて混ぜる。①を少しずつ入れ、よく混ぜ合わせたら中火にかけ練り煮する。

③ マヨネーズより少しやわらかくなったら、火を止めて冷ます。

※②の練り煮は、「中火でしっかり混ぜながら50秒煮る→10秒火から外す→かき混ぜる」これを4～5回繰り返して下さい。

白田楽味噌

〈材料〉作りやすい分量

A
- 白味噌 … 300g
- 卵黄 … 1個分

B
- 砂糖 … 30g
- 酒 … 大さじ3
- 水 … 大さじ2

〈作り方〉

① 鍋にBの材料を入れて火にかけ、砂糖が溶ければ冷ます。

② 別鍋（ホウロウ鍋）にAの材料を入れて混ぜる。①を少しずつ入れ、よく混ぜ合わせたら中火にかけ練り煮する。

③ マヨネーズより少しやわらかくなったら、火を止めて冷ます。

※②の練り煮は、「中火で40秒混ぜながら煮る→20秒火から外す→かき混ぜる」これを3～5回繰り返して下さい。

山椒味噌

〈材料〉作りやすい分量

黄田楽味噌（上記参照）… 100g
茹で実山椒（P155参照）… 10～12g
酒 … 大さじ2～3
炒り胡麻 … 大さじ1/2

〈作り方〉

① 酒と実山椒をミキサーにかける。

② 黄田楽味噌に①を少しずつ入れ、中火にかけて練り煮する。

③ マヨネーズくらいのかたさになったら火を止め、胡麻を入れて冷ます。

※写真は、蒸し新玉葱、茹ではちく、茹で空豆に山椒味噌をかけ木の芽を添えています。新玉葱等の蒸し野菜の他、冷奴にも合います。新玉葱を用いる場合は、厚さ1～1.5cmの半月切りにし、透き通るまで蒸すか電子レンジ500Wで3～4分加熱して下さい。

蕗のとう味噌

〈材料〉作りやすい分量

白田楽味噌（上記参照）… 50g
蕗のとう … 50g
胡麻油 … 大さじ1/2
淡口醤油 … 小さじ1

〈作り方〉

① 蕗のとうは切り口とまわりの黒ずんだ葉を取り除いて半分に切る。熱湯で2～3分茹でたら冷水に取り、急冷する。

② 数回水を替えながら半～1日水に浸けてアク抜きをした後、水気を切って粗く刻み、胡麻油で炒める。

③ 淡口醤油を入れて炒め、水分を飛ばす。

④ ③をボウル等に移し、冷めたら白田楽味噌と合わせる。

※冷凍保存し、炊き立てのご飯にのせたりお酒のアテに。ほろ苦い早春の味をお楽しみ下さい。

おわりに

この本は、平成24年と25年に、合わせて一年二ヵ月間「おうちで作る京料理」という題名で京都新聞に連載させていただいた料理レシピがベースになっています。毎回「旬のひとこと」を書かせていただいていましたが、今回、当時書ききれなかった事を書き加え、季節ごとに「京の暮らし」としてエッセイ形式でご紹介しております。改めて千年の都・京都の重みを感じ、京の食の素晴らしさとともに京の暮らしも伝承したいと思いました。「人は、他から命をいただき、自身の命と心をはぐくむ」を座右の銘にして毎日を過ごしてきました。読者の皆様には、紹介した料理のなかで一品でも美味しいと思っていただけるものがあれば幸いです。

　私は三年前に長年連れ添った主人をなくしました。この本のお話をいただいたのは主人の先がもう長くないと告げられた直後でした。私がこの仕事を選び、続けてきた一番の理由は、主人に美味しいものを食べさせてあげたいという思いからでした。ですので、この告知は私には衝撃的で全てのやる気を無くし、出版のお話も一度お断わりしました。そんな時、娘に「新聞掲載レシピの総集編やし、レシピはもちろん、お母さんが書きたかったエッセイも書ける。やらないと！」と言われ、迷いながらも主人に話すととても喜んでくれ、そのうれしそうな顔を見てお受けする決心がつきました。常に穏やかで、私のやりたいと思う事を後押ししてくれる一番の理解者であり、最後まで私の背中を押してくれました。私の思いの詰まったこの本を見せる事はできませんでしたが、天国で喜んでくれていると思います。今こうして楽しみながらこの仕事を続ける事ができるのも、そんな主人と家族、料理好きに産んでくれた両親、そして教室に通って下さった生徒の皆様のおかげだと感謝しています。

今回も掲載写真は写真家の西村浩一さんにお願いいたしました。私は五十歳後半にさしかかった頃に、これから体力が落ちていくなか、今まで講習してきたレシピを京都の暮らしとともに整理し、書き留めておきたいと思いました。そんな時、生徒さんの一人である森佐代子さんから西村さんをご紹介いただき、その後今に至るまで十数年、お世話になっております。西村さんにはその間、料理のでき上がり写真だけではなく、食材や工程、京の人々の暮らしぶり等、合わせれば数千枚の写真を撮っていただきました。今回撮り直したものもありますが、ほとんどが今まで撮りためていたものです。でき上がりの写真を眺めながら感慨にふける一方、無理を言う私の気が済むまでたくさんのお料理を撮っていただいたと、頭の下がる思いです。また、この本を作るにあたり、編集の山形恭子さんとの出会いは私にとって非常に幸運でした。連載時に引き続き、長々とした私のレシピを長女の香苗が解りやすくまとめてくれましたが、全体の編集はもちろん、長文になったエッセイのまとめは山形さんが担当して下さいました。多くの時間を共有して私の性格・食に対する考え方や伝えたい事の方向性を聞き、理解して下さり、気になる小さな事も丁寧に話し合ってこの本を仕上げて下さいました。本当にありがとうございました。

最後になりましたが、連載でお世話になりました京都新聞社編集委員・栗山圭子様、出版センター長の岡本俊昭様、杉本杉子様、デザイナーの佐野佳菜様にはお世話になりました。心よりお礼申し上げます。

※本書は京都新聞夕刊に掲載した連載「おうちで作る京料理」（平成24年1～8月）と、「続・おうちで作る京料理」（平成25年7～12月）を加筆・修正し、連載で紹介できなかったレシピやエッセイ等を加え一冊にまとめたものです。

料理・レシピ・文

松永佳子　まつなが けいこ

京都市に生まれる。
京都大和調理師専門学校卒業。
昭和63年、京都市左京区下鴨の自宅で料理教室を開く。平成24年1〜8月・平成25年7〜12月、京都新聞にて「おうちで作る京料理」を連載。平成25年の「京の食文化ミュージアムあじわい館」開業時より、京都市主催の料理教室で講師を務める。その他、広告物の料理制作協力、京都市立小学校にて食育活動の補助等。著書に「京のおばんざい100選」(平凡社)。

写真
面村浩一
面村允希

料理制作協力・執筆補助
山本香苗

編集
山形 恭子（オフィスK）

装丁・デザイン
佐野 佳菜 (SANOWATARU DESIGN OFFICE.INC)

撮影協力
石原哲男
玉田軒 (WAGASHIたまだけん)

写真提供
観世流能楽師シテ方 浦田保浩／P88
京都新聞社／P60、P90 (上)、P108 (上)
長刀鉾保存会／P62 (右)

伝えたい 京の暮らし、京の味

発行日　2021年4月26日　初版発行
　　　　2021年7月27日　二刷発行
著　者　松永　佳子
発行者　前畑　知之
発行所　京都新聞出版センター
　　　　〒604-8578　京都市中京区烏丸通夷川上ル
　　　　TEL 075-241-6192　FAX 075-222-1956
　　　　http://www.kyoto-pd.co.jp/book/

印刷・製本　株式会社スイッチ.ティフ　ISBN978-4-7638-0749-6 C0077